Iris Hardt, 1971 in Essen geboren, studierte in Münster Illustration. Dort arbeitet sie heute für verschiedene Schul- und Kinderbuchverlage in einem Gemeinschaftsatelier.

Wir danken Sonja Gähler von der Redaktion OHRENBÄR
für die freundliche redaktionelle Unterstützung.

Einband und farbige Illustrationen von Iris Hardt
Satz: Sabine Conrad, Rosbach
Reproduktion: Domino Medienservice GmbH, Lübeck
Druck und Bindung: Himmer AG, Augsburg
Printed in Germany 2008
ISBN 978-3-7707-2475-8

www.ellermann.de
www.ohrenbaer.de

OHRENBÄR – *Radiogeschichten für kleine Leute* ist die ARD-Gemeinschaftssendung von radio BERLIN 88,8 des rbb, WDR 5 und NDR Info. Jeden Abend im Radio zu hören.

Die schönsten Geschichten zum Vorlesen

von Martina Dierks, Erwin Grosche, Sabine Ludwig,
Katja Reider, Ingrid Uebe u. a.

Bilder von Iris Hardt
Herausgegeben von Claudia Müller

ellermann

Inhaltsverzeichnis

Sabine Ludwig

Seifenblasen

Ist es euch schon mal passiert, dass ihr eine Straße entlanggegangen seid – und plötzlich fielen Seifenblasen vom Himmel, große und kleine, in allen Farben des Regenbogens schillernde? Ja? Dann seid ihr sicher stehen geblieben und habt nach oben geschaut und gesehen, dass von einem der vielen Balkone an einem der hohen Häuser Seifenblase für Seifenblase in die Luft steigt. Und ihr habt euch gefragt: »Wer macht die bloß?« Und seid weitergegangen.

Aber hättet ihr genauer hingeschaut, dann hättet ihr vielleicht hinter den Blumenkästen etwas gesehen: ein Paar spitze Ohren oder eine kleine Hand, die einen Strohhalm hält.

Die Ohren gehören Ottokar, und die Hand gehört zu Sebastian. Ottokar ist ein Kater, grau getigert mit weißer Brust und schwarzen Pfoten. Sebastian ist ein Junge mit blonden Haaren und einem blau-weiß geringelten T-Shirt. Die Leute im Haus sagen »kleiner Sebastian« zu ihm, dabei ist er schon fünf.

Fünf ist ein wunderbares Alter, findet Sebastian. Man kann alles und muss nichts. Vor allem nicht in die Schule.

Darüber ist Sebastian sehr froh. Seine Mutter ist Lehrerin und muss jeden Tag in die Schule gehen. Wenn sie nach Hause kommt, dann sagt sie oft: »Oh, diese Schule! Die macht mich völlig fertig!«

Und das alte Fräulein Niedermaier von nebenan erzählt Sebastian: »Früher, als ich zur Schule ging, da mussten wir sechs Stunden ganz still auf unserem Platz sitzen und durften keinen Mucks machen, sonst kam der Lehrer mit dem Rohrstock und dann, oh weh ...«

Sebastians Vater geht nicht in die Schule, er geht in ein Büro, aber sehr vergnüglich ist das auch nicht. Manchmal kommt er abends nach Hause und sagt: »Ich bin tot!«, lässt sich aufs Sofa fallen und bleibt liegen.

Dann kommt Sebastian, setzt sich rittlings auf ihn drauf, kitzelt ihn und ruft: »Du lebst, du lebst!« Bis sein Vater erst mit dem einen Auge blinzelt, dann mit dem anderen, schließlich prustet und strampelt, um dann – *plumps!* – vom Sofa zu fallen, zusammen mit Sebastian.

Den meisten Spaß in der Familie haben eindeutig Ottokar und Sebastian.

Wenn Sebastian mittags aus dem Kindergarten kommt, läuft er neuerdings als Erstes in die Küche, gießt etwas Spülmittel in eine Tasse, verrührt es mit Wasser, bis sich kleine Blasen bilden, holt einen Strohhalm und geht auf den Balkon.

»Aber nicht etwa trinken!«, ruft ihm seine Mutter hinterher.

Sebastian stellt sich an das Balkongeländer und schaut zwischen zwei Geranienkästen hinunter auf die Straße.

Ottokar ist ihm hinterhergekommen, mit einem Satz springt er auf den Balkontisch und beginnt sich zu putzen. Die Leute auf der Straße interessieren ihn nicht, auch nicht Sebastians Seifenblasen, die durch die Luft schweben und dabei ständig die Farbe wechseln: Purpurrot, Violett, dann Blau und Grün, schließlich werden sie ganz golden, aber da platzen sie auch schon. Sebastian pustet eine Seifenblase in Ottokars Richtung, sie setzt sich auf Ottokars Nase, der Kater schüttelt sich und niest.

Unten wird jetzt die Haustür geöffnet. Das alte Fräulein Niedermaier tritt auf die Straße. Sie bleibt stehen und schaut den Seifenblasen hinterher.

»Oh, wie hübsch, das erinnert mich an meine Kinderzeit!«, ruft sie glücklich.

Ein Auto hält am Bordstein. Das ist das Auto von Herrn Schmittke, dem Hausmeister. Sebastian erkennt es sofort, denn es glänzt immer wie frisch gewaschen. Gerade als Herr Schmittke aussteigt, landet eine große Seifenblase auf dem Autodach.

»So eine Schweinerei!«, brüllt Herr Schmittke, zieht einen Lappen aus der Hosentasche und wischt den Seifenfleck weg.

Aber nun kommen immer mehr Seifenblasen, setzen sich auf die Kühlerhaube, die Stoßstange, die Wagenfenster, und Herr Schmittke putzt und putzt. Zwischendurch schaut er nach oben, um den Übeltäter zu entdecken, aber Sebastian zieht jedes Mal den Kopf ein.

Die feine Frau Gramlich mit ihrem silbergrauen Pudelchen tritt aus der Haustür. Als sie die Seifenblasen sieht, hält sie beide Hände über den Kopf, um ihren neuen Hut zu schützen. Dabei lässt sie die Leine los, der Pudel läuft auf Herrn Schmittkes Auto zu, hebt ein Bein und …

»Püppi! Püppiii!«, ruft Frau Gramlich. »Pfui, lass das!«

»Was fällt Ihnen ein, den Hund frei laufen zu lassen?«, poltert der Hausmeister und hat für einen Augenblick die Seifenblasen vergessen.

Frau Gramlich nimmt Püppi auf den Arm und geht schnell davon.

Sebastians Seifenschaum ist fast alle, er macht eine kleine Pause.

Als Herr Schmittke sieht, dass keine neuen Seifenblasen mehr kommen, geht er wütend vor sich hin brummelnd ins Haus.

Ein merkwürdiges Geräusch ertönt nun vom unteren Ende der Straße her, es klingt, als ob ein kleiner Elefant herantrampelt.

»Da kommt Frieda!«, sagt Sebastian zu Ottokar und lässt einen Seifenblasenregen auf die Straße niedergehen.

Nun ist sie auch schon zu sehen: Pferdeschwanz und Schulmappe wippen auf und ab, denn Frieda läuft nicht, sie hüpft von einem Pflasterstein zum anderen, immer darauf bedacht, nicht auf eine der Fugen zu treten. »Man darf nicht auf die Linie kommen, das gibt Unglück«, sagt sie immer.

Als Frieda die Seifenblasen sieht, hält sie inne, legt die Hände trichterförmig vor den Mund und ruft in den zweiten Stock hinauf: »Huhu! Sebastian! Schenk mir eine Zauberkugel!«

Und Sebastian pustet ganz behutsam in seinen Strohhalm, und eine ganz besonders große Blase bildet sich. Schwerfällig setzt sie sich in Bewegung, segelt ganz langsam hinunter, direkt auf Frieda zu.

»Ich kann alles sehen: Unsere Straße, das Haus und mich, alles ist in der Kugel drin, und alles steht auf dem Kopf!«, ruft Frieda aufgeregt.

Pitsch!, macht die Zauberkugel, als sie auf das Pflaster fällt. Nur ein runder, feuchter Fleck bleibt von ihr übrig.

»Soll ich dir noch eine machen?«, ruft Sebastian von oben herab.

»Nein«, sagt Frieda. »Nur eine von hundertmillionentausend Seifenblasen ist eine Zauberkugel, und außerdem habe ich Hunger.« Frieda ist das klügste Mädchen, das

Sebastian kennt, sie weiß einfach alles, aber schließlich geht sie auch schon zur Schule.

Frieda ist die Tochter von Frau Frosch und wohnt im Quergebäude, über den Hof und drei endlos lange und steile Treppen hoch. »Freche Frieda« sagen alle im Haus zu ihr, nur ihre Mutter nicht. Die nennt sie »Elfie«, weil Frieda eigentlich Elfriede heißt. Friedas Mutter heißt überall »Die arme Frau Frosch«, denn sie hat keinen Mann, nur Frieda. Und die ist eben frech.

Frieda ist oft allein. Aber sie ist gern allein, dann kann sie so viel Schokolade essen und so viele Mickymaus-Hefte lesen, wie sie mag. Oder sie denkt sich eine Zauberei aus, denn Frieda ist eine Hexe. Zumindest behauptet sie das.

Sebastian ist sich da nicht so sicher. Auf jeden Fall bewundert er Frieda, obwohl er sie manchmal auch ganz schön schrecklich findet. Vor allem dann, wenn sie ihm Gruselgeschichten erzählt und er nachts nicht schlafen kann, weil ein Gespenst unter seinem Bett liegt, um ihn im Schlaf aufzufressen. Aber dann kommt Ottokar, legt sich auf Sebastians Füße, und alles ist wieder gut. Und Sebastian träumt von einer riesengroßen Seifenblase, in der er sitzt und die mit ihm hoch in die Luft steigt. Höher und immer höher.

Katja Reider

Vom kleinen Jungen, der seinen Namen vergessen hatte

»Mama, wie heiße ich?«, fragt der kleine Junge.

»Na, hör mal!«, sagt Mama. »Du musst doch deinen Namen wissen. Jedes Kind weiß seinen Namen. Das war eines der ersten Dinge, die Papa und ich dir beigebracht haben: Wenn du irgendwo verloren gehst – zum Beispiel in einem Kaffeehaus –, dann wendest du dich an eine nette Verkäuferin und sagst deinen Namen. Der wird dann über Lautsprecher ausgerufen, und Papa und ich holen dich ab.«

»Schön und gut«, sagt der kleine Junge, »aber jetzt habe ich meinen Namen eben vergessen.«

»So einen Unsinn habe ich noch nie gehört«, sagt Mama. »Jedes Kind hört seinen Namen ein Dutzend Mal pro Tag. Zum Beispiel morgens. Morgens komme ich in dein Zimmer, ziehe die Vorhänge auf und sage …«

»Du sagst: ›Guten Morgen, mein kleiner Langschläfer, hast du was Schönes geträumt?‹«

»Stimmt«, sagt Mama.

»Morgens sagst du also schon mal nicht meinen Namen«, triumphiert der kleine Junge.

»Das ist richtig«, muss Mama zugeben. »Aber wenn ich dich ins Badezimmer bringe …«

»... dann werde ich zum Tier«, sagt der kleine Junge.

Mama runzelt die Stirn. »Wieso zum Tier?«, fragt sie.

»Na ja, wenn ich meinen Schlafanzug ausgezogen habe, nennst du mich kleiner Nacktfrosch!«, ruft der kleine Junge. »Und wenn ich später in der Badewanne so richtig herumplansche und meine Enten und Schiffe schwimmen lasse, dann sagst du kleine Wasserratte zu mir.«

»Tatsächlich?«, fragt Mama. »Das ist mir noch nie aufgefallen ...«

»Dabei ist das noch längst nicht alles«, sagt der kleine Junge.

»Wieso? Was sage ich denn noch?«, fragt Mama.

Der kleine Junge überlegt einen Moment. »Also, beim Frühstück, da nennst du mich Ferkelchen, wenn mir Honig oder Sirup auf den Tisch tropft.«

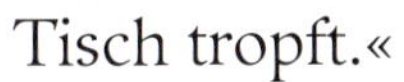

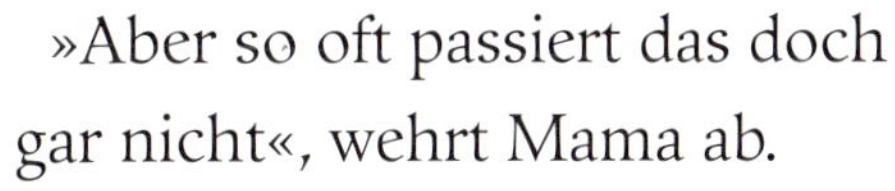

»Aber so oft passiert das doch gar nicht«, wehrt Mama ab.

Der kleine Junge grinst.

»Stimmt, aber wenn mal nichts danebengeht, dann sagst du kleine Zuckerschnute zu mir, weil ich immer diese süßen Sachen aufs Brot haben möchte.«

»Also gut«, gibt Mama zu, »morgens rufe ich dich nicht bei deinem Namen. Oder nur selten. Aber später, wenn wir zusammen spielen, tue ich es doch ständig.«

Der kleine Junge schüttelt den Kopf: »Stimmt nicht. Wenn ich mit meinen Legosteinen spiele, Häuser, Straßen und Brücken baue oder eine ganze Ritterburg, so wie gestern, dann sagst du: ›Du bist wirklich ein richtiger kleiner Baumeister.‹«

Mama seufzt. »Na, wenigstens gebe ich dir ja sehr liebevolle Namen, nicht wahr?«

»Aber nicht immer«, sagt der kleine Junge. »Wenn ich Radau mache, nennst du mich Schreihals. Und wenn ich mich auf dem Spielplatz mit dem blöden Kai-Uwe in die Haare kriege, dann rufst du: ›Jetzt aber Schluss, ihr beiden Nervensägen!‹«

Mama schüttelt den Kopf. »Dass du dir das alles gemerkt hast …«

»Du sagst doch immer: ›Jetzt pass mal gut auf, Schätzchen.‹«

»Oje«, seufzt Mama, »das ist mir noch nie aufgefallen. Aber trotzdem hörst du deinen Namen doch ständig. Denk mal nach! Zum Beispiel, wenn wir einkaufen gehen …«

»… dann fragt mich die Bäckersfrau: Na, mein Schleckermäulchen, möchtest du einen schönen Mandelkeks? Und die Schustersfrau sagt: Da ist ja der kleine Mann wieder. Du bist aber groß geworden.«

»Da höre ich wohl nie richtig hin«, seufzt Mama. »Aber auf dem Heimweg …«

»… da sagst du zu mir: ›Jetzt komm schon, du kleine Schnecke. Du siehst doch, wie viel ich zu tragen habe.‹«

Mama schüttelt den Kopf. »Ich gebe es auf. Aber nachher kommt Oma. Die nennt dich immer beim Namen.«

»Warten wir es ab«, sagt der kleine Junge.

Oma freut sich sehr, den kleinen Jungen zu sehen. Als Mama in der Küche verschwunden ist, um Kaffee zu kochen, nimmt Oma den kleinen Jungen auf den Arm und setzt ihn auf ihren Schoß. Dann flüstert sie: »Na, gibst du der Oma ein Küsschen, Lukas?«

»Aber Oma!«, sagt der kleine Junge vorwurfsvoll. »Ich heiße nicht Lukas. Immer verwechselst du die Namen deiner Enkelkinder.«

Da guckt Oma ganz unglücklich. »Das tut mir leid, mein Herzblatt. Aber ich habe eben acht Enkel, und im Alter wird man oft etwas schusselig …«

Als Oma weg ist, sagt der kleine Junge: »Na bitte, Oma wusste meinen Namen auch nicht mehr.«

»Tja«, sagt Mama, »was machen wir denn da?« Mama zieht die Stirn in Falten. Sie scheint schwer zu überlegen. Aber dann fällt ihr tatsächlich etwas ein: »Weißt du was?«, sagt sie. »Ruf doch einfach Papa im Büro an. Der hat bestimmt deinen Geburtstag in seinem großen Kalender eingetragen – mit deinem Namen natürlich.«

Das lässt sich der kleine Junge nicht zweimal sagen. Schnell holt er das Telefon aus dem Flur und tippt die Nummer von Papas Büro ein. Bei der Sechs und der Neun muss Mama ihm ein bisschen helfen. Denn diese beiden Ziffern verwechselt der kleine Junge immer. Die sind sich einfach zu ähnlich. Aber er hat richtig gewählt. Schon meldet sich Papa: »Bankhaus Loges, Lück und Löwenstein, Huber, guten Tag«, sagt Papa mit seiner Bürostimme. Und dann: »Ach, du bist es«, mit der normalen Papa-Stimme.

Als der kleine Junge erzählt, dass er seinen Namen vergessen hat, ist Papa sehr verwundert. Aber bevor er etwas sagen kann, meint der kleine Junge: »Ich habe doch bald Geburtstag, Papa. Schau einfach in deinem Kalender nach dem genauen Tag. Da steht ja dann auch mein Name.«

»Also gut«, sagt Papa. »Warte, ich lege mal eben den Hörer zur Seite.« Papa schaltet das Telefon auf laut. Und dann hört der kleine Junge, wie Papa in seinem Kalender blättert.

»Einen Moment noch«, ruft Papa in die Luft. Und da steht es dann – auf dem Kalenderblatt vom 8. April schwarz auf weiß: *Niklas' Geburtstag nicht vergessen!*

»Das ist ja schon in einer Woche«, sagt Papa.

»Genau«, sagt Niklas und kichert ins Telefon. »In einer Woche ist der 8. April. Und was ist dann heute für ein Tag, Papa?«

»Na, der 1. April natürlich«, sagt Papa.

»Genau«, prustet Niklas, »heute ist der 1. April! – APRIL, APRIL, Papa! Heute ist Flunkern und Anschmieren erlaubt. Das weiß doch jeder! – Mensch, Papa, hast du wirklich geglaubt, ich vergesse meinen Namen?«

»Hmm, ich war mir nicht sicher …«, sagt Papa. Aber dann muss er lachen. Mama und Niklas lachen auf der anderen Seite der Leitung. Und zum Schluss lachen alle drei so laut, dass Herr Loges reinkommt – der vom Bankhaus Loges, Lück und Löwenstein.

Herr Loges fragt, was denn hier los sei. Und Papa sagt, dass heute eben der 1. April sei und dass Herr Loges schon mal entschuldigen müsse. Niklas erfährt nicht mehr, ob Herr Loges entschuldigt (was denn überhaupt?), denn Papa legt schnell den Hörer auf.

»Komm doch nach Hause!«, ruft Niklas noch ins Telefon. Aber da klickt es schon in der Leitung.

Doch Papa scheint Niklas' Ruf noch gehört zu haben. Schon eine Stunde später ist er zu Hause und spielt dreimal Memory mit ihm.

Dann ist Niklas müde. Papa bringt ihn zu Bett. Und als Mama zum Gutenachtkuss kommt, sagt sie beim Hinausgehen nicht: »Schlaf schön, mein Hase«, wie sonst immer, sondern »Schlaf schön, Niklas«.

Und der kleine Junge weiß nicht, ob ihm das nun wirklich besser gefällt … Da muss er erst mal drüber schlafen!

Heidi Knetsch und Stefan Richwien

Die feinsten Marinen

Es gab Tage, da war das Glück von Wildschwein und Haselmaus vollkommen. Da lag Wildschwein satt und zufrieden in seiner schlammigen Kuhle und blinzelte in die Sonne. Etwa dort, wo der Schlamm aufhörte und der trockene Waldboden begann, pflegte dann Wildschweins kleine Freundin Haselmaus zu sitzen und ebenfalls zufrieden in die Sonne zu blinzeln.

Dieses Glück bedurfte keiner Worte. Nur manchmal, wenn das Glück so groß war, dass der ganze Tennenmooswald hineingepasst hätte, seufzte Haselmaus wohlig und sagte: »Machst du mir noch mal ›Ping‹?« – Da tauchte dann Wildschwein seinen Rüssel in den Schlamm und blies mit dem linken Nasenloch eine Schlammblase auf, die alsbald mit einem leisen »Ping!« zerplatzte. Haselmaus pflegte dann immer »Ja« zu sagen: »Jaja, ja, ja, oh ja!«

An einem so glücklichen Tag jedoch begab es sich, dass Haselmaus nach dem zweiten oder dritten »Ping!« nicht »Ja« sagte, sondern »Oh!«.

Der Grund für dieses »Oh!« war ein Tier, wie man es im Tennenmooswald noch nie gesehen hatte. Es stand am Rand der schlammigen Kuhle und sah aus – wie Wildschwein. Und doch – sah es nicht ganz anders aus als Wildschwein? Wo waren denn Wildschweins struppige Borsten? Stattdessen war die Haut dieses Tieres so glatt und rosig, so unborstig und unstachelig, dass man es für Wildschweins piekfeine Schwester halten konnte. Und dort, wo Wildschwein nach hinten immer schlanker wurde, da wölbten sich bei diesem Tier so pralle Hinterbacken, als wollte es damit dem Vollmond nacheifern.

»Oh!«, sagte Haselmaus ein zweites Mal und ließ ihre staunenden Augen unentwegt zwischen Wildschwein und dem sehr ähnlichen Tier hin- und herwandern.

»Einen wunderschönen Tag allerseits«, sagte das sehr wildschweinähnliche Tier. »Gestatten Sie, dass ich mich vorstelle. Ich bin ein Schwein, genauer gesagt: ein Hausschwein, und ich bin auf der Suche nach angenehmer Gesellschaft. Darf ich fragen, mit wem ich die Ehre habe?«

Nun kannte zwar Wildschwein die meisten Wörter, die man für das Leben im Tennenmooswald benötigte, doch Wörter *dieser* Art waren hier so selten zu hören, dass sie nahezu unbekannt waren. So richtete sich Wildschwein aus seiner schlammigen Kuhle auf und warf dem Hausschwein einen finsteren Blick zu. »Bist wohl 'n feiner Pinkel«, sagte es mürrisch. »Damit du's nur gleich weißt: Deine angenehme Gesellschaft musst du dir woanders suchen.«

»Sei doch nicht gleich so brummig!«, sagte Haselmaus, die das glatte und rosige Tier mit großem Wohlgefallen betrachtete. »Du musst im-

mer gleich so brummig sein. Dieses Hausschwein hat wundervolle Manieren – viel feinere als du.«

»Ich bin nicht brummig«, brummte Wildschwein. »Ich bin nur unangenehm. Ich bin eine sehr unangenehme Gesellschaft.«

»Oh, ich bitte höflichst um Verzeihung, wenn ich Ihnen zu nahe getreten bin«, sagte das Hausschwein. »Ich hoffe nur, hier einen Ort zu finden, an dem es niemandem nach meinem Schinken gelüstet.«

»Schinken, Schinken! Schon wieder so ein Schnöselwort!«, brummte Wildschwein. »Und so was will ein Schwein sein!«

»Du bist eben doch brummig«, sagte Haselmaus. »Nimm dir lieber ein Beispiel an diesem Hausschwein.«

Was soll man sagen? Das eben noch so vollkommene Glück war dahin, und Wildschwein und Haselmaus zankten sich, wie sie es noch nie getan hatten. Am Ende marschierten alle drei zu Biber und Specht, den beiden Walddetektiven, die seit eh und je für die Schlichtung solcher Streitigkeiten zuständig waren.

Biber und Specht musterten das Hausschwein genau vierunddreißigmal. Dann sagte Biber: »Es sieht aus wie ein Wildschwein, nur nicht so wild. Mir scheint, es hat die feinsten Manieren.«

»Und es ist nicht so brummig«, fügte Haselmaus hinzu.

»So, so«, sagte Specht, »die feinsten Marinen. Im Tennenmooswald kommen feine Marinen eigentlich nie vor.«

»Also wenn's nach mir geht, könnten uns diese Mandarinen oder wie das Zeug heißt, gestohlen bleiben«, brummte Wildschwein. »Aber nach mir geht's ja nicht.«

»Wenn ich vielleicht eine Bemerkung einflechten darf«, meldete sich nun das Hausschwein zu Wort, »so möchte ich darauf hinweisen, dass ich nur einen sicheren Ort für meinen Schinken gesucht habe. Ich möchte niemanden durch meine Anwesenheit belästigen.«

»Donnerwetter!«, entfuhr es Biber. »Ein Tier mit so feinen Manieren kann für den Tennenmooswald nur ein Gewinn sein. Sei willkommen bei uns!«

»Oh, danke, danke verbindlichst«, sagte das Hausschwein.

»Du benötigst also einen sicheren Ort für deinen Schinken«, stellte Biber fest.

»Oh ja – er ist derjenige Teil von mir, den die Menschen besonders appetitlich finden. Ich möchte ihn auch fürderhin behalten.«

»Verstehe«, sagte Specht. »Wenn ich einen appetitlichen Schinken hätte, würde ich ihn auch gerne behalten.«

So kam es, dass der Tennenmooswald nun auch von einem glatten und rosigen Hausschwein bewohnt wurde. Doch war das ein Glück? Für Wildschwein war es kein Glück. Denn nun verbrachte Haselmaus jede freie Minute mit dem höflichen Hausschwein, um auch so feine Manieren zu lernen. Da erfuhr sie dann, dass man nicht zu schnell fressen dürfe, dass es unfein sei, nach jedem Bissen »Ups!« zu machen, dass man überhaupt gewisse Geräusche zu vermeiden habe und dass insbesondere das Aufpusten von Schlammblasen, die »Ping!« machen, sehr, sehr schmuddelig sei. »Wer feine Manieren hat, tut so etwas nicht«, pflegte Hausschwein zu sagen.

So lag Wildschwein nun allein in seiner schlammigen Kuhle und wurde immer trauriger.

Und Haselmaus? Der wurde nach und nach das Beisammensein mit dem Hausschwein immer langweiliger, und das kam daher, weil feine Manieren nun einmal sehr umständlich sind. Und weil sie so umständlich sind, passierte außer diesen feinen, aber äußerst langweiligen Manieren fast gar nichts mehr. Jedenfalls ging Haselmaus dieses ewige »Darf ich bitten?«, »Wenn's beliebt« und »Verbindlichsten Dank, meine Verehrteste« bald furchtbar auf die Nerven.

Als nun Wildschwein wieder einmal tieftraurig in seiner schlammigen Kuhle lag, hörte es mit einem Mal eine wohlvertraute Stimme.

»Ich dachte«, sagte die Stimme von Haselmaus, »… also, ich dachte … eine kleine Schlammblase … Bitte! Nur eine!«

»Und was ist mit den feinen Marinen?«, brummte Wildschwein. »Ich dachte, Schlammblasen sind schmuddelig.«

»Das Hausschwein ist fort«, sagte Haselmaus kleinlaut. »Ich hab ihm gesagt, dass es im ganzen Tennenmooswald kein so langweiliges Tier gibt. Da hat es sich höflich entschuldigt und ist weggegangen.«

»Und?«, fragte Wildschwein. »Vermisst du jetzt was?«

»Schlammblasen«, sagte Haselmaus leise. »Schlammblasen, die ›Ping‹ machen.«

Da tauchte Wildschwein seinen Rüssel in den Schlamm und blies mit dem linken Nasenloch eine Schlammblase auf, die alsbald mit einem leisen »Ping!« zerplatzte. Und Haselmaus seufzte glücklich und sagte: »Ja, jaja, ja, oh ja!« Und dann sagte Haselmaus noch etwas, und zwar sagte sie: »Jetzt weiß ich auch, dass richtiges Glück immer ein bisschen schmuddelig ist.«

Anja Kömmerling und Thomas Brinx

Violetta wird rot

Violetta liebt Farben. Rot wie die Sonne, wenn sie untergeht, Blau wie der Himmel ohne Wolken, Grün wie die Sommerwiese im Sonnenschein. Violetta mag jede einzelne Farbe für sich. Das liegt nicht nur daran, dass ihr Vater Maler ist und Farben braucht wie einen Schluck Wasser vor dem Schlafengehen. Und es liegt auch nicht nur daran, dass Violetta Violetta heißt, wie eine Farbe, Lila. Nein. Violetta hat gemerkt, dass jeder Tag seine eigene Farbe hat, und morgens, gleich nach dem Aufstehen, versucht sie herauszufinden: Wie wird der Tag? Welche Farbe hat er?

Manchmal kann sie es sogar schon merken, obwohl sie die Augen noch zuhat, oder sie weiß es von vornherein.

Zum Beispiel heute Morgen, heute Morgen weiß Violetta sofort und ohne zu gucken, welche Farbe der Tag hat. Heute ist ein roter Tag, rot, weil in der Schule Vorsingen ist und sie ganz sicher wieder knallrot wird. Sie wird immer rot, wenn ihr was peinlich ist, und Vorsingen ist das Allerpeinlichste.

Also ein roter Tag.

Am schlimmsten ist, dass Ole zuhört, weil er mit Violetta in eine Klasse geht. Ole, der im selben Haus direkt über Violetta und ihrem Vater wohnt. Ole und Violetta können sich nicht leiden, weil Ole Mädchen doof findet. Deswegen findet Violetta Ole doof. Und ausgerechnet der hört zu! Ausgerechnet! Grinst die ganze Zeit und bringt sie damit aus dem Takt.

Zum Frühstück gibt es jetzt erst mal Erdbeermarmelade aufs Brot und frisch gepressten Blutorangensaft, aber Violetta kann fast nichts essen, weil es ihr jetzt schon peinlich ist, wenn sie nur an das Vorsingen denkt.

»Du singst doch auch immer in der Badewanne«, meint ihr Vater, aber das ist was anderes, als vorne neben dem Klavier bei Frau Liesegang zu stehen und zu singen, und alle gucken. Violetta schlägt ihrem Vater vor, dass sie doch heute krank sein könnte, aber darauf lässt er sich nicht ein. Manchmal muss man eben auch unangenehme Sachen machen, meint er, und Violetta weiß nicht, warum eigentlich.

»Ich bin wirklich krank«, schreit sie ihm hinterher, als er aufsteht, um neue Farben für ein neues Bild zu mischen, aber das hört er nicht. Auf dem Ohr ist er taub.

In der Musikstunde versucht Violetta, nicht aufzufallen. Das ist ihre einzige Chance, dass Frau Liesegang sie vergisst. Immer wenn die Lehrerin in die Klasse guckt, um mit ihrem Bleistift den nächsten Vorsänger herauszuzeigen, duckt sie sich hinter Ole, der vor ihr sitzt. Und sie sagt keinen Mucks. Sie hält die Luft an. Sie ist überhaupt vollkommen unsichtbar. Allerdings nicht, wenn Ole ausgerechnet dann zur Seite rutscht, wenn der Bleistift in ihre Richtung zeigt: »Ah, Violetta, dann komm doch du mal nach vorne!«, flötet Frau Liesegang.

Wie Violetta Ole hasst! Aber der grinst sie nur an, das war natürlich Absicht. »Kann ich schnell noch zur Toilette?«, fragt Violetta und verschwindet auch schon aus dem Musiksaal. Sie muss nicht, überhaupt nicht, aber etwas einfallen muss ihr, und zwar ganz schnell, höchste Eisenbahn, sie wird sich auf keinen Fall da vor den grinsenden, doofen Ole stellen und singen. Schon bei dem Gedanken daran wird sie rot. Violetta geht den Schulgang auf und ab und sucht eine Idee. Sie könnte ihre Stimme verloren haben. Aber das würde Frau Liesegang nicht glauben, weil sie ja eben noch gesprochen hat. So schnell verliert man seine Stimme nicht. Sie könnte sich selbst verlieren, einfach verschwinden und erst morgen wiederkommen. Aber das würde Frau Liesegang merken. Sie würde ihren Vater anrufen und petzen. Und das gäbe Ärger.

Plötzlich fällt ihr der kleine rote Kasten mit der Glasscheibe auf, der neben der Musiksaaltür angebracht ist. In diesem Kasten ist ein roter Knopf. Den soll man drücken, wenn die Schule brennt.

Violetta bleibt stehen:

Sie würde also jetzt diesen Knopf drücken, die Sirene würde schrillen, alle würden in Reih und Glied aus den Klassenzimmern kommen und in den Schulhof gehen, so wie man das macht bei Feueralarm. Violetta würde auch mitgehen, sie würden das Feuerwehrauto bestaunen, das in den Hof gefahren käme, und dann würden alle fragen, wo es denn eigentlich brennt? Die Feuerwehrleute würden ihre roten Helme aufsetzen und das ganze Schulhaus von oben bis unten durchsuchen, aber nichts finden, und wenn sie dann fertig wären, dann wäre die

Schule aus, und Violetta könnte nach Hause gehen. Oder sie dürften alle mal die lange Leiter hochklettern. Oder mit dem Schlauch Wasser ins Lehrerzimmer spritzen. Vorsichtshalber. Auf jeden Fall würde sie alles Mögliche tun, aber nicht neben Frau Liesegang stehen und Ole was vorsingen. Und es wüsste ja keiner, dass sie das war mit dem roten Knopf.

In diesem Moment tippt jemand Violetta auf die Schulter.

»Hat es einen bestimmten Grund, dass du den Feueralarmknopf so anstarrst?« Es ist die Direktorin, und jetzt ist es zu spät, den Knopf zu drücken.

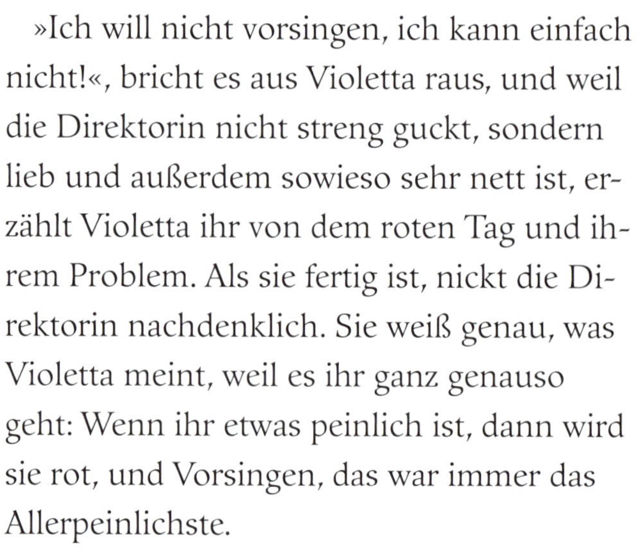

»Ich will nicht vorsingen, ich kann einfach nicht!«, bricht es aus Violetta raus, und weil die Direktorin nicht streng guckt, sondern lieb und außerdem sowieso sehr nett ist, erzählt Violetta ihr von dem roten Tag und ihrem Problem. Als sie fertig ist, nickt die Direktorin nachdenklich. Sie weiß genau, was Violetta meint, weil es ihr ganz genauso geht: Wenn ihr etwas peinlich ist, dann wird sie rot, und Vorsingen, das war immer das Allerpeinlichste.

»Das sagen Sie mal der Frau Liesegang«, sagt Violetta, weil es ja nichts hilft, wenn die Direktorin sie versteht. Die nickt, nimmt Violetta an der Hand und marschiert schnurstracks mit ihr in den Musiksaal. Alle machen große Augen, es kommt ja nicht so oft vor, dass die Direktorin mitten im Unterricht auftaucht, und die verkündet dann, dass sie mit Violetta zusammen vorsingen wird.

»Ein rotes Duett sozusagen«, fügt sie noch hinzu.

Frau Liesegang kann nichts dagegen sagen, weil die Direktorin ihre Chefin ist, und die anderen finden es ziemlich gut, weil mal was anderes passiert, und Violetta schlägt vor, dass sie »Rot, rot, rot sind alle meine Kleider« singen, weil doch heute ein roter Tag ist. Die Direktorin ist einverstanden, und Frau Liesegang begleitet sie auf dem Klavier.

Während Violetta singt, schielt sie zur Direktorin rüber, um zu gucken, ob sie auch rot ist, aber ist sie nicht, und die Direktorin schielt auch gerade zu Violetta und schüttelt den Kopf. Violetta ist auch nicht rot. Das liegt daran, dass sie zu zweit singen. Wenn man zu zweit singt, singt man nicht alleine, und dann ist es natürlich auch nur halb so peinlich. Halb so peinlich reicht nicht, um rot zu werden. »Rot, rot, rot sind alle meine Kleider, rot, rot, rot ist alles, was ich hab. Darum lieb ich alles, was so rot ist, weil mein Mann ein …«, Violetta und die Direktorin schauen sich an und singen dann noch ein bisschen lauter weiter, »Feuerwehrmann ist!«

Ole ärgert sich, weil er nicht »Tomate« schreien kann wie sonst, und als Violettas Vater sie abends fragt, wie es war, das Vorsingen, murmelt sie nur müde: »Rot, irgendwie rot!«, und schläft dann ganz schnell ein. Denn je schneller sie einschläft, umso eher weiß sie, welche Farbe der nächste Tag haben wird.

Mario Göpfert

Der Mitternachtszirkus

Wie ein weißer Magnet stand der Mond am Himmel, beleuchtete den Fluss und die Berge zu beiden Seiten.

Bohumil, der Fährmann, lag in einer Hängematte auf seinem Boot. In warmen Sommernächten wie dieser schlief er gern im Freien. Dann trieben seine Gedanken fort auf den Wellen. Wie war doch das Leben an ihm vorübergezogen, rascher als die Wolken am Himmel. Viele Jahre lang hatte er von früh bis spät die Leute über den Fluss gebracht. Seit aber die neue Brücke fertig war, kam nur noch selten jemand zur Anlegestelle.

Daran hatte Bohumil gedacht, bevor er einschlief. Plötzlich weckte ihn ein Pfiff. Benommen rieb er sich die Augen und blickte zum Mond auf, der ihm so gewaltig vorkam wie noch nie. Da ertönte der Pfiff wieder. Knurrend stieg Bohumil aus der Hängematte und stellte verwundert fest, dass die neue Brücke verschwunden war. Statt der Berge sah er nichts als flaches Steppenland.

Zum dritten Mal erklang der Pfiff, und nun erspähte Bohumil einen Lichtschein am jenseitigen Ufer. Er konnte eine Gruppe dunkler Gestalten erkennen. Einige trugen Laternen. Rasch warf Bohumil den Motor an und steuerte die Fähre hinüber.

»Bringe uns zum anderen Ufer«, rief ihm ein Mann in zerfleddertem Frack zu.

»Wer seid ihr?«, fragte Bohumil.

»Wir sind der Zirkus Nimmermehr«, erwiderte der Mann. »Einstmals größter, grandiosester Zirkus der Welt! Und ich bin der Direktor.«

»Könnt ihr denn die Überfahrt bezahlen?«, fragte Bohumil.

»Wir geben eine Mitternachtsvorstellung auf deinem Schiff!«

»Also gut«, sagte Bohumil. Er musste insgeheim lachen, als er die zerlumpten Gestalten von Nahem betrachtete.

Der Direktor verbeugte sich und stellte seine Artisten vor.

»Das ist Wenzel, stärkster Kraftakrobat rund um den Globus!«

Bohumil sah ein dürres Männlein mit Ärmchen wie ein kleines Kind.

»Hier kommt Alfredo. Lustigster Spaßmacher aller Zeiten!«

Doch der Clown schaute eher zum Weinen aus, so abgrundtief traurig blickten seine Augen.

Nach ihm kam eine unglaublich fette Frau, Beine wie Kanonenrohre, ein Leib wie ein Ölfass. Sie führte ein halb verhungertes Pferd an der Leine.

»Und nun … Annabella, schlankste, graziöseste Kunstreiterin zwischen Nordpol und Südpol, mit ihrem feurigen Ross!«

So zogen die Artisten einer nach dem anderen an Bohumil vorbei: Tornadus, der Dompteur, der vor Angst schlotterte, obwohl sein Löwe sanft wie ein Lamm war. Golo, der Trapezkünstler, dem es schwindlig wurde, als er über den Holzsteg zur Fähre ging. Miro, der Magier, der sich versehentlich Knoten in seine Finger gezaubert hatte. Zuletzt kam das Orchester, das nur aus einem alten Mann mit einer rostigen Trompete bestand.

Nachdem alle Artisten die Fähre bestiegen hatten, wollte Bohumil den Motor anwerfen. Da merkte er, wie eine sanfte Kraft vom Mond her das Boot langsam auf den Fluss hinauszog. »Nimm Platz, damit wir beginnen können«, sprach der Zirkusdirektor und stellte Bohumil einen hölzernen Schemel hin. Nachdem dieser sich gesetzt hatte, hob er den Arm. Der alte Mann blies einen kläglichen Tusch auf seiner Trompete.

Die Artisten hatten ihre Laternen gelöscht, denn der Mond strahlte wie ein Scheinwerfer und warf einen hellen Lichtkegel auf das Deck. In seiner Mitte stand Wenzel, der Kraftakrobat. Hilflos blickte er auf die riesigen Hanteln und die zentnerschweren Bleikugeln. Unmöglich, dass er sie auch nur einen Millimeter vom Fleck bewegen konnte. Aber oh Wunder – im weißen Mondlicht wuchsen ihm ungeahnte Kräfte. Er stemmte die Hanteln, als wären sie aus Pappe. Schleuderte die Bleikugeln in die Luft und fing sie mit dem Nacken auf. Bohumil applaudierte begeistert und schwenkte seine Schiffermütze.

Wieder gab es einen Tusch. Der Clown trat auf. Die Artisten heulten Rotz und Wasser, als sie seine traurige Gestalt so verloren im Mondscheinwerferlicht stehen sahen. Doch kaum hatte Alfredo seinen ersten Purzelbaum geschlagen, war alle Traurigkeit hinweggefegt. Und als er auf ein wackliges Stühlchen stieg und vergeblich nach dem Mond angelte, gab es schallendes Gelächter.

Da erklang Hufgetrappel, und Annabella, die Kunstreiterin, sprengte in die Mondlichtmanege. Ihr Hintern war so gigantisch, dass man das Pferdchen darunter kaum erkennen konnte, und hätten nicht zehn Artisten das Tier von beiden Seiten gestützt, es wäre unter der furchtbaren Last zusammengebrochen. Aber mit jeder Runde, die Annabella drehte, wurden ihre Glieder schlanker. Das Pferdchen mauserte sich zu einem stattlichen Ross. Schon konnte es seine Reiterin ohne fremde Hilfe tragen, warf die Hufe übermütig empor. Und Annabella turnte mit einer solchen Anmut auf seinem Rücken, dass Bohumil vom Schemel aufsprang und »Bravo« schrie.

Nun jagte eine Attraktion die nächste. Im Nu war das Trapez aufgehängt, an dem Golo tollkühn dahinschwang. Furchtlos steckte Tornadus seinen Kopf in den Löwenrachen. Miro, der Magier, zauberte Elefanten und Dromedare herbei.

Der alte Mann blies in den Pausen, und es war unfassbar, welch herrliche Töne er der rostigen Trompete zu entlocken wusste.

Im nachtblauen Frack stand der Zirkusdirektor neben Bohumil. Seine Stiefel glänzten im Mondlicht.

Dann gab es den letzten Tusch. Die Artisten verneigten sich. Der Löwe brüllte noch einmal. Und der Zirkusdirektor klopfte Bohumil auf die Schulter. »Ich danke dir«, sprach er.

»Nein, ich muss mich für die wunderbare Vorstellung bedanken«, erwiderte Bohumil. »Niemals sah ich eine bessere.«

»Ohne deine Augen wäre es uns nicht möglich gewesen«, sagte der Direktor.

»Was haben meine Augen damit zu tun?«, wunderte sich Bohumil.

»Du hast Augen, die staunen können«, sprach der Direktor.
In diesem Augenblick zog eine Wolke über den Mond hinweg und löschte allen Glanz und Zauber aus. Der Zirkusdirektor trug wieder seinen zerlumpten Frack, der Kraftakrobat hatte keine Kraft mehr, der Clown war bloß noch ein Häuflein Unglück, der Dompteur klapperte mit den Zähnen vor Angst, Annabella war wieder fett wie ein Ölfass …

Da knirschte der Kies unter dem Boot. Ohne dass Bohumil darauf achtgegeben hatte, war die Fähre über den großen Fluss geschwommen, gezogen von einem weißen Tau aus Mondlicht.

»Leb wohl«, sagte der Zirkusdirektor und umarmte Bohumil. Die Artisten drückten ihm zum Abschied die Hand. Und Annabella gab ihm einen lauten Schmatz auf die Wange.

Lange blickte Bohumil dem seltsamen Zirkus nach, wie er humpelnd und rumpelnd in der Steppe verschwand. Dann stieg er in seine Hängematte und schloss die müden Augen.

Am nächsten Morgen lag die Fähre fest vertäut am Ufer nahe der

Brücke. Bohumil nahm einen Besen und kehrte das Deck. Da sah er unter einer der Bänke einen Schuh liegen. Es war ein weicher, zierlicher Stoffschuh, genau ein solcher, wie Annabella Elfenfuß, die Kunstreiterin, ihn getragen hatte.

Antje Rittermann

Fast wie im Traum

Im Kinderzimmer war es noch dunkel. Nur durch einen Spalt im Rollladen drang ein heller Strahl und tauchte das Zimmer in Dämmerlicht. Benno lag in seinem Bett und schlief fest. Er saß in einem großen roten Bagger und hatte lauter Knöpfe und Hebel vor sich. Plötzlich ging der Motor an. Ein dumpfes Grollen, dann vibrierte das ganze Gefährt. Er krallte sich am Sitz fest. »Du musst das Lenkrad festhalten, Benno!« Das war Herr Kratzwolle, sein neuer Teddy, der neben ihm saß. Benno beugte sich vor und streckte seine Arme, so weit er nur konnte. Da hatte er das Lenkrad in der Hand! »Ja«, jubelte Herr Kratzwolle, »jetzt drehen! Du musst lenken … lenken und nach vorne gucken … aaah, pass auf!«

Benno riss die Augen auf und starrte nach vorne. Sie rumpelten genau auf eine große, blau-weiß gepunktete Kaffeekanne zu. Herr Kratzwolle sprang ans Lenkrad, um Benno zu helfen. Doch – zu spät! Mit lautem Krachen fuhren sie gegen die Kanne, sodass der Bagger hin- und herschaukelte. Und dann kippte die Kaffeekanne ganz langsam um. »Wir schwimmen! Das ist ein Schwimmbagger!«, schrie Herr Kratzwolle.

Und da war Benno plötzlich wach.

Er setzte sich auf. Sein Bett war nass. Benno rieb sich die Augen und schaute sich im Dämmerlicht um. Die Wand, der Fußboden, das Spielzeug in der Ecke … ja, er war in seinem Zimmer, und kein Bagger weit und breit.

»Herr Kratzwolle!«, rief Benno leise. »Bist du da?«

Doch es kam keine Antwort.

Benno beugte sich aus dem Bett.

Der Teddy, den er erst gestern von seiner Großmutter geschenkt bekommen hatte, lag auf dem Fußboden. Er griff nach ihm, diesem merkwürdigen braunen Kerl mit den langen Armen und Beinen, die viel zu dünn waren, und den gelben Knopfaugen, von denen eines etwas verrutscht war und nach unten hing. Hässlich fand Benno ihn, und richtig kuscheln konnte man auch nicht mit ihm, weil er so kratzte. Vorsichtig hielt er ihn sich an sein Ohr.

»Herr Kratzwolle, sag etwas … bist du echt? Du konntest doch eben reden, oder?«

Aber Herr Kratzwolle blieb stumm.

Die Tür ging auf, und Bennos Mutter kam herein.

»Guten Morgen, du Langschläfer, das Frühstück ist fertig!« Sie zog die Bettdecke beiseite, und dann seufzte sie: »Ach, Benno, schon wieder …?«

Benno sprang auf. »Das war der Herr Kratzwolle, der darf nicht mehr in meinem Bett schlafen, der blöde Teddy, den will ich gar nicht mehr haben!« Mit diesen Worten rannte er durch die Küche auf den Balkon und warf Herrn Kratzwolle zwischen die Blumentöpfe. »So, das hast du nun davon, jetzt musst du draußen schlafen!« Er riegelte die Balkontür ordentlich zu, und dann gab es Frühstück.

»Du, Mama«, sagte Benno, als sie am Tisch saßen, »wenn ich groß bin, werde ich Baggerführer.«

»Ja, klar, warum nicht?«, meinte die Mutter. »Hast du denn heute überhaupt schon nach deiner Baustelle geguckt?«

Bei dem Wort »Baustelle« sprang Benno auf, rannte los und rief vom Flur aus: »Nein!!! Das muss ich jetzt schnell machen!« Und schon war er in seinem Zimmer auf den Tisch geklettert, kniete sich hin und schaute durch die Fensterscheiben auf die Straße.

Von seinem Platz aus konnte er alles genau erkennen: Lastwagen mit hohen, dicken Rädern fuhren laut brummend hin und her. Sie brachten Berge von Sand und Kies. Oder sie fuhren den Schutt weg, den ihnen die Bagger mit lautem Poltern auf die Ladeflächen kippten. Die Bagger liebte Benno am meisten, und heute waren so viele verschiedene auf einmal zu sehen, dass er ganz aufgeregt war. Keinen einzigen wollte er verpassen. Aber – was war das? Benno stutzte. Da saß doch Herr Kratzwolle in dem Bagger, der gestern den langen Stau verursacht hatte. Ja, der Teddy war ganz genau zu erkennen.

»Mama, Mama, komm schnell, Herr Kratzwolle fährt Bagger!«

Bennos Stimme überschlug sich fast.

Seine Mutter kam herein: »Was? Wo?«

»Da! Da unten in dem roten Bagger!«

»Ja, tatsächlich, da sitzt dein Teddy! Aber komisch, hast du ihn denn nicht vorhin auf den Balkon gebracht?«

Sie liefen zur Küche, hastig riss Benno die Balkontür auf. Fast wäre er über die Blumentöpfe gestolpert. Und wirklich: Herr Kratzwolle lag nicht mehr da. »Schnell, Mama, wir müssen runter und ihn holen!«

»Hm, hast du nicht gesagt, das ist ein blöder Teddy und du willst ihn gar nicht mehr haben?«, murmelte die Mutter, doch als sie sah, dass Benno fast die Tränen kamen, sagte sie nichts mehr, sondern rannte mit ihm die Treppe hinunter.

Unten auf der Straße empfing sie ein ohrenbetäubendes Dröhnen und Hämmern. Es stank nach Abgasen, schwer hing der Staub in der Luft. Benno griff nach der Hand seiner Mutter und steuerte mutig auf die Baustelleneinfahrt zu.

»Da vorne ist er, der rote Bagger«, schrie Benno, so laut er konnte, seiner Mutter zu. Jetzt hatte sie ihn auch entdeckt. Sie kletterten über einen Schuttberg, dann über einen hohen, rutschigen Erdhaufen, und Benno versank mit seinen Sandalen beinahe im Matsch. Ein großer

Kipplaster mit Rädern, die doppelt so hoch waren wie Benno, dröhnte hupend an ihnen vorbei. Und der rote Bagger kam jetzt genau auf sie zu. Sie schrien, winkten und hüpften auf der Stelle, der Baggerfahrer bremste, es staubte, zischte, kreischte, kurz schwankte das Fahrerhäuschen, Benno sah, wie Herr Kratzwolle vorne mit dem Kopf wackelte. Dann stand der Bagger still, der Motor war aus. Der Fahrer stieß die Tür auf, lehnte sich mit dem Oberkörper heraus und schimpfte: »He, hier ist doch kein Kinderspielplatz! Seid ihr lebensmüde?«

»Nein, es ist wegen des Teddys!«, rief Bennos Mutter zurück und zeigte auf die Scheibe. »Wir kommen wegen des Teddys da. Der gehört meinem Sohn, und wir möchten ihn gerne wiederhaben.«

»Ach, so ist das also«, nickte der Baggerfahrer, und dabei huschte ein Lächeln über sein Gesicht. »Na, junger Mann, dann komm mal rauf zu mir!«

Benno zögerte einen Moment, doch weil die Mutter ihm aufmunternd zunickte, kletterte er vorsichtig auf die schlammverschmierten Ketten des Baggers.

»Gib mir deine Hand!«, lachte der Baggerfahrer und zog ihn zu sich nach oben. Benno saß in dem Fahrerhäuschen und staunte. Der Sitz, das Lenkrad, die vielen Hebel und Knöpfe, das war alles fast wie in seinem Traum. Und da war auch Herr Kratzwolle!

»So, so, das ist also dein Teddy, junger Mann, ja?« Der Baggerfahrer nahm Herrn Kratzwolle in die Hand.

»Weißt du eigentlich, dass das ein echter Baggerfahrerteddy ist? Ich hab das gleich erkannt, als ich ihn heute Morgen auf der Straße liegen sah. Da hab ich ihn mitgenommen, weil ich gedacht hab, armer Kerl, liegt hier so alleine rum, der gehört zu mir ins Fahrerhäuschen!«

Benno schwieg. Auf der Straße war sein Teddy gelandet. Das hatte er

nicht gewollt. Und jetzt hatte er es geschafft, dass Benno hier in dem großen roten Bagger saß, den er gestern so lange beobachtet hatte.

»Na, was ist? Sollen wir mal 'ne Runde drehen?«, fragte der Baggerfahrer.

Benno nickte stumm. Kein Wort kam ihm jetzt über die Lippen. Und dann fuhren sie los. Ganz fest hielt Benno seinen Herrn Kratzwolle in beiden Händen, als ratternd der Motor ansprang. Es war wirklich fast genauso wie in seinem Traum. Nur noch viel, viel schöner.

Katharina Kühl

Die Rotoffels und das Ungeheuer

Die Rotoffels hatten es seit Langem aufgegeben, ihre Kinder zu zählen. Es waren einfach zu viele! Außerdem, um gezählt werden zu können, hätten die kleinen Rotoffels stillhalten müssen. Aber Stillhalten ist nun einmal nicht ihre Stärke! Dazu haben sie zu viele Beine. Neun Stück, um genau zu sein. Neun kurze, aber flinke Beine, mit Grabschern daran, die halb wie Hände, halb wie Füße aussehen. Und alle neun Beine sitzen direkt am Kopf. Der Kopf ist natürlich das Wichtigste bei einem Rotoffel. Er ist rund. Meistens jedenfalls. Manche Köpfe sind auch länglich oder eiförmig. Manche sind kleiner, manche größer. Wie Kartoffeln eben. Wie rote Kartoffeln. Die Rotoffels sind nämlich knallrot. Daher der Name Rotoffel. Natürlich haben die Rotoffels auch einen Mund. Und Augen. Aber wie die aussehen, ist leider nicht bekannt. Denn seit der Sache mit dem Ungeheuer hat niemand mehr einen Rotoffel zu Gesicht bekommen. Es war eine schlimme Geschichte:

Die Rotoffels lebten damals wie heute in ihrem Eichenwald. In einer gemütlichen Erdhöhle. Jeden Tag gingen die kleinen Rotoffels Eicheln sammeln. Die Rotoffelmama kochte daraus leckeren Eichelbrei für die Kleinsten, Eichelklopse für die Großen und Eichelpudding für alle. Der Ururahn schlief und machte von Zeit zu Zeit »U-ah-ah«. Der Rotoffelpapa machte nichts außer nachdenken. Alle waren zufrieden. Bis – ja, bis eines Tages immer mehr kleine Rotoffels verschwanden. Und keiner wusste, weshalb. Es waren Bully, Bally und Billy, die es herausbekamen. Sie hockten gerade auf dem Blaubeerberg, als sie es sahen: Unten im Tal stand ein grässliches Ungeheuer. Ungeheuer groß, ungeheuer stark und ungeheuer gierig. Es war riesengroß. Es schien nur aus Muskeln zu bestehen, die unter dem glatten Fell spielten. Gerade duckte es sich, machte einen gewaltigen Satz, und seine Pranken packten ein kleines, rotes, neunfüßiges Etwas, das darauf in dem großen Rachen verschwand. Das Ungeheuer kaute kurz, schluckte, schüttelte sich, machte einen Buckel, leckte sich genüsslich das Maul, streckte sich noch einmal und verschwand lautlos im Unterholz. Bully, Bally und Billy waren wie gelähmt vor Schreck. Erst lange danach konnten sie nach Hause laufen und den anderen von dem furchtbaren, rotoffelfressenden Ungeheuer berichten. Angst breitete sich in der Höhle aus. Plötzlich ließ sich der Ururahn vernehmen: »Löwe!«, krächzte er. »Löwe, U-ah-ah! Rotoffelfresser!« Damit schlief er wieder ein. Doch die Rotoffels wussten jetzt: Ihr Feind war der Löwe. Aber wie sollten sie sich nur gegen das gefährliche Ungeheuer schützen?

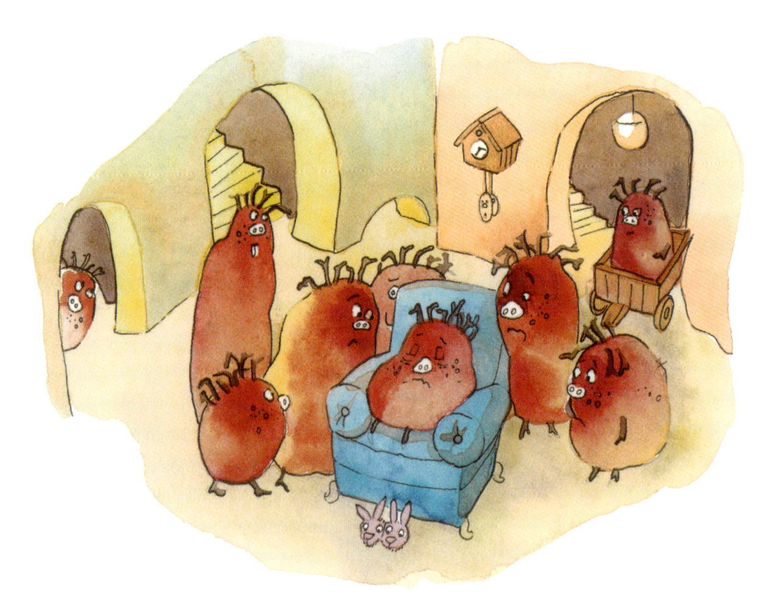

»Ururahn«, rief die Rotoffelmama und schüttelte ihn heftig.
»Sag uns, was wir tun sollen!«
»Zauber«, krächzte der. »Macht Rotoffels unsichtbar!«
»Was für ein Zauber? Was braucht man dazu?«
»Löwenzahn! Löwenzahn! U-ah-ah!«, röchelte der Ururahn. Mehr war nicht aus ihm herauszubekommen.
»Also gut«, sagte die Rotoffelmama zu ihren Kindern. »Geht Löwenzahn suchen!«
»Die Blätter?«, »Die Blüten?«, »Die Wurzeln?«, »Die Pusteblumen?«, fragten die kleinen Rotoffels.
»Alles! Sammelt alles!«, entschied die Rotoffelmama. »Aber seid um Himmels willen vorsichtig!«
Vorsichtig waren sie, die kleinen Rotoffels. Trotzdem erwischte der Löwe immer wieder welche. Dabei hatte die Rotoffelmama inzwischen alles versucht. Sie hatte den Löwenzahn zu Saft, zu Crackern, zu Matsch verarbeitet. Man hatte das bittere Zeug geschluckt, geknabbert, sich damit eingerieben. Es nützte alles nichts. Der Löwenzahn machte

sie nicht unsichtbar. Noch einmal weckte die Rotoffelmama den Ururahn. »Löwen – Zahn! Zauberzahn!«, krächzte der mehrmals eindringlich. Auf einmal begriffen die Rotoffels: Nicht die Pusteblume war gemeint, sondern der echte Löwenzahn, der Zahn des Löwen. Wow! Aber wie sollten die Rotoffels nur darankommen? Es hatte wohl kaum Zweck, das Monster um einen seiner Zähne zu bitten! Und mit Gewalt war da schon gar nichts zu machen! »Der muss seinen Zahn von alleine ausspucken!«, rief Billy. Damit waren alle einverstanden. Nur, warum sollte das Ekel das tun? »Na, weil er auf etwas sehr Hartes beißt, auf einen Stein, zum Beispiel!«, schlug Billy vor. »Aber Löwen fressen keine Steine, die fressen nur Rotoffels!«, gab Bally zu bedenken. »Dann«, sagte der Rotoffelpapa, der gründlich nachgedacht hatte, »dann muss der Stein eben wie ein Rotoffel aussehen!« Das war die Lösung! Sofort machten sich die Rotoffels daran, aus einem rot gefärbten Stein, den sie mit neun Wurzelbeinen beklebten, einen täuschend echten falschen Rotoffel zu basteln. Bully, Bally und Billy schleppten ihn dann auch sofort in den Wald. Und tatsächlich, kaum waren sie auf dem Blaubeerhügel angelangt, da sahen sie den Löwen unten im Tal stehen. Seine Augen funkelten mordlustig. Vor Schreck ließen die drei den Steinrotoffel fallen und versteckten sich. Und nun geschah alles ganz schnell und alles auf einmal: Der Steinrotoffel kullerte ein Stück, der Löwe sprang und schnappte ihn, ein Knirschen erfolgte, ein Knacken und Splittern, gefolgt von einem wütenden Fauchen. Der Löwenrachen öffnete sich, ein rot gefärbter Stein mit neun Wurzelstückchen flog heraus und – ein langer, spitzer Zahn. Wutschnaubend suchte das

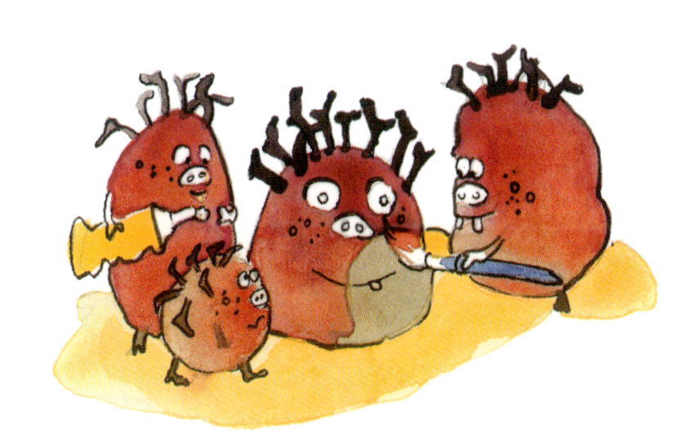

Ungeheuer das Weite. Die drei kleinen Rotoffels jubelten. Als sie mit ihrer Beute zurück in die Höhle kamen, jubelten auch alle anderen. Sofort wurde der Ururahn geweckt, damit er ihnen den Zauberspruch verriet. Das dauerte eine Weile, doch endlich krächzte er: »Löwenzahn, Zauberzahn, deine Kraft ist wunderbar, mach … schnarch, rrr … U-ah-ah, pfft!«

Und aus war es! Ein Jammer, denn dass der Zauberspruch so nicht vollständig war, leuchtete jedem ein. Alle fingen jetzt an zu rätseln, welche Worte der Ururahn noch hatte sagen wollen. »Mach, dass alles wieder gut wird!«, schlug Billy vor. »Mach den Löwen müde!«, ein anderer. Oder: »Mach mal Pause, Löwe!«

»Alles Blödsinn«, übertönte der Rotoffelpapa das allgemeine Geschrei. »Zaubersprüche müssen sich reimen!«

»Stimmt!«, gab die Rotoffelmama zu. »Kommt, versuchen wir es noch mal von vorn: »Löwenzahn – Zauberzahn – deine Kraft ist wunderbar – mach … Rotoffels unsichtbar!«, krächzte da eine klitzekleine Rotoffel. Und das WAR der Zauberspruch! Kaum ausgesprochen, gab es einen fürchterlichen Knall. Der Zauber hatte gewirkt. Die Rotoffels waren unsichtbar. Jedenfalls für alle Nichtrotoffels. Der schreckliche Löwe fing nicht mehr einen einzigen. Die Rotoffels lebten wieder in Frieden. Allerdings können auch wir sie seitdem nicht mehr sehen. Aber wer einmal in den Wald geht und die durcheinandergewühlten Eichenblätter sieht und dazu so ein leises Geraune hört, Geraschel und Gerumpfel, der weiß Bescheid!

Erwin Grosche

Horst erfindet den Wischiwaschel

Die Sonne schien durch das beschlagene Fenster. Horst saß in der Badewanne und wusch sich das Gesicht. Er bespritzte sich mit Wasser, und alles wurde nass. Die Stirn, die Augen, die Nase, der Mund, das Kinn. Horst staunte immer, wie viel es in seinem Gesicht zu waschen gab. Er kniff die Augen zusammen und rieb sich mit beiden Händen das Gesicht sauber. Seine Backen taten vom Reiben weh, und die Nase schnappte laut nach Luft.

Es müsste etwas geben, dachte er, mit dem man sich das Gesicht waschen kann, ohne dass es wehtut.

Es klopfte an der Tür, und seine Mutter kam mit einem Handtuch ins Badezimmer. Sie hob ihn aus der Wanne und rubbelte ihn von oben bis unten trocken. Horst zog sich an. Seine Mutter öffnete das Fenster, durch den kalten Lufthauch wurde der beschlagene Spiegel wieder frei, und Horst konnte sich darin sehen. Er setzte sich seine Brille auf und schob die Träger seiner orangefarbenen Latzhose über seine Schultern. Er hatte seine weinroten Turnschuhe an, die genau zu seinem weinroten T-Shirt passten, welches er unter seiner Latzhose trug. Er lachte sich im Spiegel an.

»Du hast aber gute Laune«, sagte seine Mutter.

»Hmhm, ich möchte Erfinder werden«, sagte Horst.

Durch das geöffnete Fenster konnte man Kinderstimmen hören.

»Inga, Paula und Stefan spielen Verstecken. Willst du nicht mitspielen?«, fragte seine Mutter.

»Ich kann nicht. Ich will etwas erfinden, mit dem sich alle Kinder gerne das Gesicht waschen lassen«, sagte Horst, und er wollte nicht nur Erfinder werden, er wollte auch so aussehen.

Von seinem Vater hatte er einen gelben Sturzhelm geschenkt bekommen. Den trug er im Herbst, wenn er mit dem Vater Äpfel pflückte. Er trug ihn, damit es nicht wehtat, wenn er einen Apfel auf den Kopf bekam. Auf diesen Helm malte Horst nun mit einem roten Filzstift ein **E**. Das **E** stand für Erfinder. So sahen alle: Dort steht Horst, der Erfinder. Jetzt brauchte er nur noch einen Raum, in dem man gut erfinden konnte.

Im Keller gab es einen Werkzeugraum. Überall hingen Werkzeuge und andere Sachen herum, die ein Erfinder gebrauchen konnte.

Horst fragte seinen Vater, ob er den Werkzeugraum als Erfinderraum nutzen könnte.

Sein Vater nickte, schlug ihm lachend auf den Sturzhelm und sagte: »Alles klar, Horst, aber mach mir keinen Unsinn!«

Und dann saß Horst vor der Werkbank und hatte seinen Kopf auf beide Hände gestützt. Er dachte nach. Er dachte: Erfinder müssen viel nachdenken. Ein Erfinder, der nicht nachdenkt, macht bestimmt Fehler, und dann klappt die beste Erfindung nicht.

Horst hatte eine Wäschewanne vor sich stehen, die mit Wasser gefüllt war. Er wollte etwas erfinden, mit dem man ein Gesicht abwaschen konnte, da war es gut, sich ab und zu Wasser ins Gesicht zu spritzen. Dabei kam ihm plötzlich ein Gedanke. Klopapier! Mit Klopapier kann man sich gut das Gesicht abwischen!, dachte er und versuchte es, aber das Klopapier löste sich sofort auf und musste nach einmaliger Benutzung weggeschmissen werden. Das war nicht im Sinne des Erfinders. Er musste planvoller vorgehen. Horst zog ein altes Heft aus der Werkbank, schrieb *Erfinderbuch* darauf, und hinein schrieb er: »Mein erster Versuch schlug fehl. Ich gebe nicht auf. Wenn Klopapier zu weich für das Gesichtabwaschen ist, muss ich etwas Härteres nehmen.«

Horst überlegte. Erfinder zu sein war doch schwerer, als er gedacht hatte. Da hatte er wieder eine Idee. Er hatte hier doch Taschentücher gesehen. Sein Vater benutzte nur Taschentücher aus Stoff, und er stapelte sie im Regal neben dem Erste-Hilfe-Kasten. Horst schnappte sich ein Taschentuch, tunkte es in Wasser und fuhr sich damit über das Gesicht.

Schon besser. Wir kommen der Sache langsam auf den Grund, dachte er.

Leider war das Taschentuch nicht weich genug, und rubbeln konnte man damit auch nicht. Horst notierte in sein Erfinderbuch: »Mein zweiter Versuch schlug auch fehl. Ein Stofftaschentuch ist nicht geeignet zum Gesichtabwaschen. Ich werde aber nicht aufgeben. Ich werde etwas erfinden, mit dem man sich gut waschen kann.«

Horst dachte wieder nach. Dann lief er in den Kellerraum nebenan, in dem die Waschmaschine und der Wäschetrockner standen. Seine Mutter hatte dort die alten Handtücher gelagert, die sie nicht mehr im Badezimmer sehen wollte. Mit diesen Handtüchern durfte Horst immer machen, was er wollte. Er schnitt ein weiches Frotteehandtuch entzwei und faltete es so, dass er eine Hand hineinstecken konnte wie bei einer Kasperlefigur. Er stand eben wieder im Erfinderraum und tauchte das gefaltete Handtuch ins Wasser, als seine Freunde vor dem gekippten Kellerfenster auftauchten.

»Was machst du denn da?«, fragte Inga.

Sie stand mit Paula und Stefaan vor dem Kellerfenster und streckte ihren Kopf durch die kleine Öffnung. »Und was bedeutet das **E** auf deinem Sturzhelm? Etwa Erbsensuppe?«

Paula und Stefaan lachten. Horst tauchte das Handtuch ins Wasser und wartete darauf, bis es sich voller Wasser gesogen hatte.

»Das **E** auf meinem Sturzhelm steht für **E** wie Erfinder«, sagte Horst.

»Du bist jetzt Erfinder?«, fragte Paula.

»Einer muss es ja sein. Schaut euch doch um. Alles um euch herum wurde erfunden, und ich mache das auch.«

Inga, Paula und Stefaan nickten sich zu. Die Welt war voller Überraschungen, doch Horst war die größte. Er hielt sich das tropfende

Handtuch vors Gesicht. Was hatte er vor?

»Passt auf«, sagte er geheimnisvoll. »Ihr könnt nun sehen, wie ich etwas erfinde, mit dem man sich weich und angenehm das Gesicht waschen kann.« Bevor noch jemand etwas sagen konnte, drückte sich Horst das nasse Handtuch gegen das Gesicht und rubbelte sich ab. Alle staunten. Es war perfekt. Das Gesichtstuch war weich und saugfähig. Man konnte es wieder verwenden und sogar eine Hand hineinstecken. Horst war stolz. Er hatte es geschafft. Er, Horst, der Erfinder, hatte etwas erfunden, mit dem sich alle Kinder gerne das Gesicht abwaschen lassen würden!

»Hurra!«, schrie Paula, »Horst hat einen Waschlappen erfunden!«

Horst hielt das zerschnittene Handtuch in die Luft, als wäre es ein Pokal. Er lachte und störte sich nicht daran, dass ihm Tropfen aus dem Tuch ins Gesicht spritzten.

»Aber«, sagte Stefaan plötzlich, »es gibt doch schon Waschlappen.«

Alle starrten ihn entgeistert an, als käme er von einem anderen Stern.

»Ich meine, man kann doch nicht etwas erfinden, das es schon gibt, oder?«

Horst war erstaunt. »Ihr meint, ich habe etwas erfunden, das es schon gibt?«

»Auf jeden Fall sieht es so aus wie ein Waschlappen. Vielleicht ist es ja sogar einer«, sagte Inga.

Horst nahm seine Erfindung und steckte seine rechte Hand hinein.

»Nein, das ist kein Waschlappen. Ich habe etwas erfunden, das es noch nicht gibt.« Er verneigte sich, klopfte sich dreimal auf seinen gelben Sturzhelm und sagte: »Meine Erfindung ist etwas Besonderes. Und wisst ihr warum? Weil ich dieses selbst erfundene, wunderbare und einzigartige Gesichtsabwischtuch einen … Wischiwaschel nennen werde! Hoch lebe der Wischiwaschel!«

Da lachten alle Kinder, und Horst, der Erfinder, der lachte auch.

Winfried Wolf

Mit lieblichem Duft

Es war einmal ein König, der kannte nur eine Liebe auf der Welt: die Blumen. Kein Tag verging, ohne dass er nicht stundenlang bei ihnen verweilte. Im Sommer in den prächtigen Gärten, im Winter in den Gewächshäusern. So sehr liebte er seine Blumen, dass er mit ihnen sprach und sie streichelte. Um ihren Duft zu atmen, steckte er seine Nase tief in ihre Blüten.

Doch der arme König musste seine Liebe zu den Blumen schwer büßen! Jedes Mal nämlich, wenn er den Duft einer Blüte genossen hatte, schwoll seine Nase an! Von Blüte zu Blüte wurde sie dicker, unförmiger, und dann musste der König niesen und konnte überhaupt nicht mehr aufhören zu niesen, denn er hatte eine Allergie gegen Blütenstaub!

Seine Nase wurde immer röter und sah aus, als weinte sie. Die geschwollene Nase machte nicht nur dem König Kummer. Auch seine Ratgeber waren deswegen in großer Sorge. »Wie soll ein König anständig regieren, wenn er den ganzen Tag niesen muss?!«, flüsterten sie einander vorwurfsvoll zu.

Und der General brüllte: »Jawohl, dem ewigen Niesen muss ein Ende gemacht werden, und zwar sofort. Donner und Gloria!«

Doch als der Oberratgeber sich ein Herz fasste und zum König sagte: »Majestät, das Wohl des Landes verlangt es, dass Sie die Blumen in Zukunft meiden!«, gab dieser nur zur Antwort »Nein!« und nieste.

Da schlugen die Ratgeber dem König vor, die berühmtesten Ärzte der Welt kommen zu lassen. Sie sollten die königliche Nase heilen!

Die berühmten Ärzte stritten sofort miteinander, wer der Beste von ihnen sei und deshalb den König als Erster behandeln dürfe. Und sie gaben erst Ruhe, als der Oberratgeber die Reihenfolge ausloste.

Der erste Arzt bereitete ein lauwarmes Senfbad. »Das tut der Nase wohl und gibt die Schärfe des Denkens zurück«, erklärte er. Doch die Nase des Königs schwoll nur noch mehr an!

Der zweite Arzt schlug die Hände über dem Kopf zusammen und rief: »Sofort muss die Nase verbunden werden, sie ist überanstrengt und muss ruhen!« Und schon legte er einen dicken Verband um die geschwollene Nase. »Hilfe, ich krieg

keine Luft mehr!«, röchelte der König und riss sich den Verband ab.

Der dritte Arzt lächelte weise und sprach: »Majestät, nicht nur Sie lieben die Blumen, sondern auch die Bienen. Aber haben Sie schon einmal eine Biene mit einer geschwollenen Nase gesehen? Eben! Und deshalb spritze ich Ihrem Näschen nun eine kleine Portion Bienengift ein. Sie werden sehen, das wirkt Wunder!« Doch die Nase blieb dick, und gelb wurde sie noch dazu!

Der vierte Arzt meinte ganz bescheiden: »Herr König, jetzt kommt die Rettung. Wäre Ihre geschätzte Nase etwas länger, würde der ganze Blütenstaub vorne hängen bleiben, und Sie müssten nie mehr niesen. Also verlängere ich Ihr Näschen einfach, indem ich vorne ein Stück Knochen einsetze und die Haut dehne.«

»Um Gottes willen, ich will doch nicht als Zwerg Nase oder Nasenbär durch das Leben gehen!«, rief der König.

Und so reisten die berühmten Ärzte beleidigt ab, der König roch an den Blumen, nieste und nieste, und die königlichen Ratgeber kamen aus dem verzweifelten Nachdenken nicht mehr heraus.

Endlich hatte einer der Ratgeber einen Einfall. Begeistert führte er aus: »Es ist doch für jeden gescheiten Menschen sonnenklar, dass unser König das Schöne liebt! Aber nicht nur die Blumen sind schön, sondern auch die Menschen. Was der König also braucht, ist eine schöne Frau, dann wird er die Blumen bald vergessen haben!«

»Jawohl, eine hübsche Braut muss her, und zwar auf der Stelle!«, brüllte der General und schlug sich begeistert auf die Schenkel.

Der König hatte nichts dagegen, dass seine Ratgeber die hübschesten

Prinzessinnen der Welt einladen wollten. Doch als diese die rote, geschwollene Nase und die vertränten Augen des Königs sahen, wollten sie von einer Heirat nichts mehr wissen und reisten in Windeseile wieder ab.

Nur eine blieb. Mit ihren struppigen, roten Haaren sah sie eher aus wie ein Junge, aber sie war bester Dinge. Lachend sagte sie zu dem König: »Na, Sie stecken wohl Ihre Nase in Dinge, die ihr nicht bekommen!«

Da wurde der König sehr verlegen. Aber weil die Prinzessin ihn so nett anlächelte, traute er sich und erzählte ihr alles über seine unglückliche Liebe zu den Blumen. Und er war sehr überrascht, dass die Prinzessin ihn bat, ihr die Blumengärten zu zeigen.

Stolz führte der König sie durch seine ausgedehnten, prächtigen Blumengärten. Bewundernd blieb sie immer wieder stehen, ließ sich die Namen der Blumen nennen, die sie nicht kannte, fuhr mit ihren kleinen Fingern zärtlich über die Blütenblätter und sog den feinen Duft der Blüten ein. Gespannt, fast lauernd beobachtete sie der König dabei. Doch ihre Nase blieb, wie sie war: kurz und ein bisschen frech zum Himmel zeigend.

»Ach, eine solche Nase wie Sie möchte ich auch gerne haben!«, sagte der König bewundernd und beneidend zugleich.

Die Prinzessin schaute ihn kurz pfiffig an und meinte dann: »Meine Nase kann ich Ihnen natürlich nicht geben, aber vielleicht den Duft Ihrer geliebten Blumen!«

Und schon hatte sie ihre Nase in einen Blütenkelch versenkt und nahm den Duft in sich auf. Dann sagte sie lächelnd zu dem König: »Und nun kommen Sie zu mir! Näher, noch näher, ganz nah!«

Als die Nase des Königs an der Nase der Prinzessin lag, schnupperte er, roch und sog begierig den süßen Duft ein. »Herrlich, was für ein lieblicher Duft!«, rief er begeistert aus. »Sogar Ihre Lippen duften!«

»Aber das kommt nicht von den Blumen!«, sagte die Prinzessin schmunzelnd.

»Ja, natürlich«, stotterte der König und schaute die Nase der Prinzessin an und sagte: »Ach so«, fasste sich an die eigene Nase und wurde immer wirrer im Kopf. Und es war beinahe wie eine Erlösung für ihn, dass die Prinzessin ganz ruhig fragte: »Möchten Sie den Duft meiner Lippen noch einmal spüren?« Denn jetzt musste er nichts sagen, er nickte nur und hätte wahrscheinlich noch hundertmal genickt, wenn die Prinzessin seinen Kopf nicht mit ihren Händen umschlossen und ihre duftenden Lippen auf seinen Mund gelegt hätte.

Natürlich wollte der König seine Blumenprinzessin so rasch wie möglich heiraten. Als das bekannt wurde, freute sich das ganze Land, und die königlichen Ratgeber schlugen vor Erleichterung einen Purzelbaum nach dem anderen.

Sogar der General war gerührt und brüllte zufrieden: »Und jetzt feiern wir eine Hochzeit, dass es kracht!«

Am glücklichsten aber war natürlich der König. Denn er hatte über seine Liebe zu seinen Blumen eine noch viel großartigere gefunden, nämlich die Liebe zwischen zwei Menschen.

Andrea Paluch und Robert Habeck

Die roten Schuhe

In der großen Pause sitzt Greta auf der Schaukel des Schulhofes und hat so viel Schwung, dass ihre neuen roten Turnschuhe bis in den Himmel schwingen.

Es sind die letzten Schultage vor den Sommerferien. Alle ihre Klassenkameraden und Freundinnen freuen sich auf den Urlaub mit ihren Eltern und erzählen von nichts anderem mehr. Greta steht stumm daneben und schweigt. Sie fährt mit ihrer Mutter nie in den Urlaub. Nur manchmal besuchen sie in den Sommerferien Gretas Oma. Daran denkt Greta gerade, als Frank kommt, einen Kakao in der Hand, und sich an die Schaukel lehnt.

»Deine Turnschuhe sehen aus wie zwei riesige Erdbeeren. Findest du die etwa gut?«, fragt er sie. Frank ärgert Greta immer.

Greta denkt: Frank hat ja keine Ahnung. Wenn etwas wie Erdbeeren aussieht, kann es nicht schlecht sein. Erdbeeren sind Gretas Lieblingsfrüchte. Und die

Schuhe hat ihr ihre Oma geschenkt und gesagt, dass dies Glücksschuhe sind. Wenn man sie anhat, geht alles, was man sich wünscht, in Erfüllung.

»Die Schuhe habe ich von meiner Oma«, sagt sie.

Frank nickt, aber dann sagt er: »Deine Oma hier, deine Oma da. Immer deine Oma. Sogar in den Ferien musst du zu ihr. Weißt du, was ich mache? Ich fliege mit dem Flugzeug auf eine Insel.«

Frank weiß, wie er Greta ärgern kann. So sehr ärgert sie sich nun über ihn, dass sie in vollem Schwung von der Schaukel springt.

»Was, bitte, ist an einer Insel besonders?«, fragt sie.

Und Frank antwortet: »Da gibt's Meer.«

Greta versteht nicht, was er meint. »Wovon gibt es da mehr?«, fragt sie ihn.

»Was meinst du mit ›wovon‹?«, fragt Frank zurück. »Es gibt da das Meer, den Ozean, in dem die Insel liegt. Jeden Tag kann man auf das Meer schauen.«

Greta erkennt, warum sie Frank nicht verstanden hat. Es gibt Wörter, die gleich klingen, aber trotzdem etwas ganz anderes bedeuten. Das Wort »Meer« kann ja einmal Ozean und einmal »viel« bedeuten. Und Greta hat gedacht, Frank meint »viel«, dabei hat er mit »Meer« das Wasser gemeint.

»Auf das Meer zu schauen ist nicht schlecht«, antwortet Greta jetzt. »Aber noch viel besser ist es, auf dem Meer zu fahren. Meine Mutter und ich wollen in den Ferien eine Schiffsreise machen. Mit einem Schiff, das doppelt so groß ist wie ein Flugzeug.« Und dann lässt sie Frank einfach stehen und stapft mit ihren roten Turnschuhen davon.

Dem habe ich es gezeigt, denkt sie. Und ich habe noch nicht einmal gelogen, denn wir *wollen* ja tatsächlich gerne eine Schiffsreise machen.

Nur *machen* können wir sie leider nicht. Aber wollen kann man es ja trotzdem.

Nach den Schularbeiten muss Greta noch einkaufen. Beim Bäcker arbeitet Franks Mutter. Als Greta das Brot bezahlt, fragt Franks Mutter sie: »Und wohin soll die Reise gehen?«

Greta weiß zuerst nicht, was Franks Mutter meint. Aber dann fällt es ihr ein. Sie meint die Schiffsreise. Der doofe Frank hat weitererzählt, was sie ihm an der Schaukel gesagt hat. Greta weiß nicht, was sie antworten soll.

»Ich weiß nicht genau, wohin die Reise geht. Meine Mutter kümmert sich um alles!«, sagt sie schließlich etwas kleinlaut.

Greta fühlt sich unwohl, als sie wieder auf der Straße steht. Wenn Frank seiner Mutter erzählt, dass ich eine Schiffsreise mache, dann erzählt er es auch in der ganzen Klasse, denkt Greta. Wenn dann herauskommt, dass es gar nicht stimmt, dann bin ich die Dumme, und alle lachen mich aus.

Der Gedanke, von der ganzen Klasse ausgelacht zu werden, beschäftigt sie so sehr, dass sie fast gegen eine große Blechtonne läuft. In der Blechtrommel steckt ein Sonnenschirm, auf der Tonne ist der Schriftzug »Königin Josefine« zu lesen, und neben der Tonne steht eine Frau in blau-gelber Uniform. Greta blickt von der Tonne zu der Frau und fragt: »Sind Sie Königin Josefine?«

Die Frau fängt an zu lachen: »Nein, ich bin nicht Königin Josefine. Königin Josefine ist ein Schiff. Ein großes Schiff. Es ist so groß, dass man darauf mit einem Fahrrad fahren kann.«

Sie zeigt Greta ein Bild. Darauf ist ein großes, blaues Schiff zu sehen. Aus dem Schornstein kommt Rauch, und Menschen stehen an der Reling und winken. Es sieht aus, als ob sie Greta zuwinkten.

»Willst du bei einem Wettbewerb mitmachen?«, fragt die Frau Greta. »Das Schiff ist ein Kreuzfahrtschiff. Man kann darauf Urlaub machen. Es ist wie ein schwimmendes Hotel. Und für dieses Hotel, das jeden Tag in einen anderen Hafen fährt, suchen wir einen Werbespruch. Damit noch mehr Leute auf dem Schiff Urlaub machen. Und wenn du gewinnst, kannst du vierzehn Tage lang kostenlos mit einer Begleitperson auf dem Schiff mitfahren.«

In Gretas Kopf wirbeln die Gedanken durcheinander.

Das ist die Gelegenheit, denkt sie und guckt auf ihre roten Schuhe. Glücksschuhe hat ihre Oma gesagt. Greta fragt die Frau, die nicht Königin Josefine ist: »Geben Sie mir eine Karte?«

Die Frau reicht ihr eine der Teilnahmekarten, und Greta schreibt ihren Namen und auch ihre Adresse darauf.

»Jetzt fehlt nur noch ein guter Spruch«, sagt Greta, aber sie kann sich nicht konzentrieren. Sie muss wieder an Frank denken. Als er von dem Urlaub auf der Insel erzählt hat, hat sie ihn zuerst nicht verstanden, weil sie dachte, er meint mit Meer »viel«. Und dann hat Greta ihm vorgeflunkert, dass auch sie eine Reise auf dem Meer macht. Es war keine richtige Lüge, weil sie nur gesagt hat, dass sie die Reise machen *will*. Und plötzlich weiß Greta einen Spruch: »Mein Spruch heißt: ICH WILL MEER!«

Die Frau überlegt ein bisschen, dann lacht sie. Sie hat verstanden und ruft: »Das ist wirklich ein guter Spruch! Vielleicht hast du ja Glück und gewinnst die Reise!« Sie zwinkert Greta zu und steckt die Karte in die Tonne.

Ein paar Tage später ist der letzte Schultag. Gretas Mutter kauft für Greta einen großen Korb Erdbeeren. Vor dem Haus, in dem sie mit Greta wohnt, trifft sie den Briefträger. Der drückt ihr einen Brief in die Hand. Auf ihm ist ein großes, blaues Schiff zu sehen. Gretas Mutter denkt, dass es wieder so eine Werbesendung ist, und steckt den Brief zwischen die Erdbeeren. In der Wohnung stellt sie den Erdbeerkorb auf der Kommode ab. Greta kommt aus ihrem Zimmer.

»Oh, wie lecker, es gibt Erdbeeren!«, freut sie sich.

»Ein Feriengeschenk. Ganz allein für dich«, sagt ihre Mutter.

Aber auf einmal sind die Erdbeeren gar nicht mehr wichtig. Greta hat den Brief entdeckt und das Schiff auf ihm sofort erkannt. Sie reißt den Brief auf und hält ihn gleich ihrer Mutter hin: »Liest du ihn vor?« Ihre

Mutter überfliegt den Brief. Dann lässt sie ihn sinken: »Da steht, dass du eine Schiffsreise gewonnen hast. Für zwei Personen. Und in zwei Wochen geht es schon los«, sagt sie und stottert: »Was soll denn das heißen, Greta?«

Erst jetzt fängt Greta an zu lachen. »Ein Feriengeschenk«, sagt sie, »aber für uns beide zusammen.«

Dann essen Greta und ihre Mutter die Erdbeeren, und Greta erzählt, was sie von der Königin Josefine weiß. Nachdem die Erdbeeren alle sind, überlegen sie, was sie alles einpacken müssen. Greta ist es egal, was sie mitnehmen, solange nur ihre roten Turnschuhe dabei sind.

Herbert Beckmann

Mitten in der Nacht

Jenny wohnt mit ihrer Mutter im zweiten Stock eines alten Hauses. Gerade steht sie am Fenster und betrachtet die pfirsichfarbene Haut des Abendhimmels. Ein zauberhafter weicher Schimmer liegt in der Luft.

»Heute ist alles isabellfarben!«, freut Jenny sich und weiß gar nicht, wie sie auf dieses Wort gekommen ist. Ihr Blick fällt auf die alte Straßenlaterne vor dem Haus. Der schlanke schwarze Schaft und der tropfenförmige Glaskopf mit dem flachen Metallhut gefallen ihr sehr. Aber seltsam ist es schon, dass die Laterne noch in keiner Nacht geleuchtet hat, soweit Jenny sich erinnern kann! In Gedanken versunken, greift sie nach dem kleinen Herrn Büchsel, der allein auf dem Fensterbrett steht.

Herr Büchsel ist ein Pandabär aus Blech, kaum größer als ihre Handfläche. Sein kreisrundes Gesicht ist grau, seine blassen, schwarz umrandeten Augen blicken betrübt. Wenigstens ist sein Körper hübsch bemalt mit einem hagebuttenroten Jäckchen und einer marineblauen Pluderhose. Vor seinem Bauch hält er eine dunkelgelb und tomatenrot bemalte Trommel. Hinten am Rücken hat Herr Büchsel eine Drehschraube; wenn man ihn damit aufzieht, schlägt er einen wilden, lauten Trommelwirbel mit zwei blauen Klöppeln in seinen Fäusten.

Wie sehr hat Jenny ihn sich vor ein paar Jahren auf dem Flohmarkt gewünscht, erinnert sie sich jetzt. Die alte Frau, die ihn damals verkaufte, verriet ihr, dass der kleine Blechpanda Herr Büchsel heiße. Und als Jenny sich über den Namen wunderte, raunte die Frau ihr zu: »Herr Büchsel ist eben ein ganz besonderer kleiner Mann, du wirst schon noch sehen.«

Dazu lächelte die Frau, an deren Gesicht sie sich nur noch undeutlich erinnert, auf geheimnisvolle Weise.

Trotzdem hat Jenny Herrn Büchsel hinterher nie lieb gewinnen können. Was war an dem Blechpanda Besonderes? Vielleicht der Krach seiner Trommel? Genau den konnte Jenny am allerwenigsten leiden. So nahm sie ihn bald weg von ihren anderen Puppen und Stofftieren im Regal und stellte ihn in die Ecke des Fensterbretts. »Ich sollte ihn eigentlich wegtun«, schießt es ihr in diesem Moment durch den Kopf. »Morgen werfe ich ihn in die gelbe Tonne im Hof mit dem alten Blech!«, beschließt sie kurzum und stellt ihn zurück in die Ecke.

Sie schaut noch eine Weile aus dem Fenster, bis die Sonne hinter den Dächern verschwunden ist. Nun muss sie ins Bett. Sie wäscht sich, zieht das Nachtzeug an und bekommt von der Mutter einen herzhaften Kuss zur Nacht. Lisa, ihre Lieblingspuppe mit den roten Zottelhaaren und den kornblumenblauen Augen, liegt wie immer neben ihr. Mit Lisa im Arm schläft sie bald ein.

Doch in dieser Nacht geschieht etwas Seltsames: Plötzlich wird Jenny wach. Sie reibt sich die Augen und lauscht. Ihr Wecker zeigt Punkt zwölf, und die Glocken der Josefskirche am Ende der Straße beginnen zu schlagen. Genau zwölf Mal. Etwas ist anders als sonst, wundert sie sich. Und da weiß sie es: Es ist die Laterne vorm Haus! Sie leuchtet! Zum allerersten Mal brennt ein starkes, goldgelbes Licht in ihrem Glaskörper. Wie eine Bühnenlampe strahlt sie mit einem kräftigen Lichtkegel den kleinen Herrn Büchsel auf dem Fensterbrett an.

Auf einmal, ganz von allein, beginnt der Blechpanda zu trommeln. Aber nicht laut und garstig wie sonst, sondern sanft wie das Trippeln von Mäusen. Sein trauriges, graues Gesicht beginnt zu lächeln, seine Augen funkeln wie die großen Sterne am Nachthimmel.

Wie auf ein Zeichen wird es mit einem Mal auch im Regal lebendig: Die Stofftiere – Affen, Hunde, Katzen, Löwen, Elefanten – beginnen sich zu recken und zu strecken und setzen sich aufrecht hin. Wie in den Rängen eines voll besetzten Kindertheaters sitzen sie im Schatten und blicken Herrn Büchsel im Schein der Laterne gespannt an. Ganz vorne aber, in der ersten Reihe, sitzen die kleinsten Spielzeuge, vom Licht der Laterne noch gut beleuchtet.

Dort hüpft Inka, das braune Stoffeichhörnchen mit der weißen Blesse im Gesicht, aufgeregt auf der Stelle. Gleich daneben blitzt das daumengroße vergoldete Krokodil mit seinen smaragdgrünen Augen. Der faustgroße Zwerg aus Gips mit dem dunkelroten Mantel und der grünen Zipfelmütze steht als Einziger aufrecht und hält wie immer einen

Fisch in die Luft. Neben ihm sitzt auf ihrem Hinterteil die weiße Porzellankuh mit je einem kreisrunden Loch im Rücken und im Maul. Eigentlich ist die Kuh ein Milchkännchen. Aber Jenny hat früher ihre Blumen mit ihr gegossen; *die Kuh, die Wasser gibt* hat sie sie deshalb getauft.

Auf einmal bemerkt Jenny, dass auch ihre Puppe Lisa aufrecht neben ihr im Bett sitzt und gespannt nach vorne schaut. Der kleine Herr Büchsel nickt nun lächelnd nach allen Seiten, und sein Trommeln verstummt ganz.

»Liebe Freunde«, ruft er mit knarrender Stimme und macht eine tiefe Verbeugung. »Willkommen in Herrn Büchsels Erzähltheater!«

Im nächsten Augenblick bricht Beifall los. Die Puppen und Tiere im Regal, besonders aber die kleinen in der ersten Reihe und auch Lisa klatschen begeistert.

»Ich werde Ihnen heute Nacht als Erstes eine ganz besondere Geschichte erzählen«, kündigt Herr Büchsel an. »Nämlich: was es mit meinem Namen auf sich hat. Wie Sie vielleicht wissen, bestehe ich von oben bis unten, vorne und hinten, rechts und links aus dem schönsten Blech.« Stolz hebt er das runde Kinn, bläht die bunt bemalte Brust und fährt fort: »Aus Blech, meine Lieben, kann man alles Mögliche herstellen. Und deshalb war ich nicht immer ein Panda, oh nein. In meinem vorherigen Leben war ich eine Büchse. Selbstverständlich keine gewöhnliche Büchse. Ich war eine Getränkebüchse mit einem wunderbaren tonnenrunden Bauch, den ein prachtvolles, johannisbeerfarbenes Rot schmückte. Meine verantwortungsvolle Aufgabe bestand darin, die köstliche Johannisbeerlimonade in meinem Bauch gut zu verwahren. Ich stand in der ersten Reihe des Regals in einem Supermarkt.«

»Mmmh, Supermarkt? Was ist das für ein Ding?«, fragt *die Kuh, die Wasser gibt* mit langsam mahlendem Kiefer.

»Ein Supermarkt, werte Frau Kuh, ist ein Laden, in dem nur ganz besondere Dinge aufbewahrt werden«, erläutert Herr Büchsel wichtig.

»Dinge, die ›einfach super‹ sind, wie unsere liebe Jenny immer sagt. Super wie ich. Tausende Büchsen im Supermarkt hörten auf mein Kommando. Ich war Büchsen*general*!«

Alle starren ihn erstaunt an. Nur das goldene Krokodil brüllt: »Ha! Büchsengeneral! Sie, Büchsel? Hu, ha!«, krümmt es sich vor Lachen. In diesem Augenblick beginnt das Licht der Straßenlaterne zu flackern.

»Es ist Zeit, meine Lieben!«, ruft Herr Büchsel aus und verbeugt sich wiederum tief vor seinem Publikum. »Ende der Vorstellung! Bis morgen. Pünktlich um zwölf!«

Im selben Moment erlischt die Laterne, und mit einem Schlag ist alles dunkel. Keine Puppe, kein Tier rührt sich mehr, auch Lisa liegt ruhig neben Jenny im Bett. Die starrt noch eine Weile erwartungsvoll in die Dunkelheit. Aber alles bleibt still. Schließlich rekelt sie sich und drückt Lisa an sich. In der Nacht mit offenen Augen zu träumen, das ist wunderschön, denkt sie noch. Doch schon im nächsten Augenblick ist sie eingeschlafen.

Sabine Ludwig

Wie dressiert man einen Kater?

Gestern Nachmittag war Sebastian mit seinen Eltern im Zirkus. Begeistert erzählt er Frieda von seinen Erlebnissen:

»Dann haben die so einen großen Käfig aufgebaut, und ganz wilde Tiere sind reingekommen, Löwen, Bären, Tiger und eine schwarze Katze, die war aber auch groß.«

»Ein Panther«, sagt Frieda und gähnt gelangweilt.

»Ja, und weißt du, was der gemacht hat? Der hat an dem Gitter gerüttelt, ich dachte, gleich springt der raus zu mir.«

»Hast wohl Angst gehabt, was?«

Sebastian ist empört: »Ich hab überhaupt keine Angst gehabt! Wenn ich groß bin, werde ich Dompteur, dass du's nur weißt!«

»Du und ein Löwenbändiger, dass ich nicht lache!« Frieda popelt in der Nase.

Sebastian lässt sich nicht beirren. »Ich hab genau aufgepasst und gesehen, wie der das gemacht hat. In der Hosentasche hat er nämlich kleine Fleischstücke gehabt, und die hat er dann auf einen Stock gepikst, und wenn der Tiger durch den Reifen gesprungen ist, hat er ihm den Stock hingehalten. Ganz einfach.«

Frieda lümmelt auf Sebastians Bett herum.

»Von wegen einfach, Jahre braucht man, ehe so ein Vieh durch einen Reifen springt oder Männchen macht. Du hast eben keine Ahnung!«

Als Frieda sieht, dass Sebastians Unterlippe verdächtig zittert, lenkt sie ein:

»Wenn man noch so klein ist wie du, muss man von diesen komplizierten Dingen auch noch keine Ahnung haben, dafür hast du ja mich.«

»Du kannst das doch auch nicht«, schnieft Sebastian.

»Wilde Tiere dressieren? Aber sicher kann ich das!«

Sebastian schaut sich Frieda genau an. Die liegt rücklings auf seinem Bett und lässt eine grün-weiße Schaumzuckerschlange vor ihrem weit geöffneten Mund hin und her baumeln, schließlich schnappt sie zu, und mit einem Happs ist die Schlange in Friedas Rachen verschwunden.

Die Leute im Haus sagen oft: »Diese Frieda lügt wie gedruckt.« Sebastian findet das eigentlich nicht, eigentlich hat Frieda immer die Wahrheit gesagt. Bis jetzt.

»Dann mach's mir mal vor, sonst glaub ich es nicht.«

Frieda setzt sich aufrecht hin und rülpst.

»Aber gern, bring mir ein paar Bären, Löwen und Tiger, und ich werde es dir zeigen.«

Sebastian überlegt. »Wir nehmen Ottokar. Mein Vater sagt immer, Katzen kann man nichts beibringen.«

»Im Prinzip stimmt das auch, Katzen sind einfach zu klug, aber eben nicht so klug wie ich.«

Beide schauen nun auf Ottokar, der zusammengerollt zwischen den Schienen von Sebastians Holzeisenbahn auf dem Boden liegt und schläft.

Frieda schüttelt sorgenvoll den Kopf.

»Das wird nicht leicht sein, Ottokar ist der dickste und faulste Kater, den ich kenne.«

»Was willst du ihm denn beibringen?«, fragt Sebastian.

»Zuerst soll er mal über einen Stab springen. Habt ihr einen Besen in der Küche?«

»Der ist doch jetzt mein Pferd«, sagt Sebastian.

»Na, dann so was Ähnliches.«

Sebastian und Frieda marschieren in die Küche. Frieda reißt die Schränke auf, findet ein altes Stück Schokolade, das sie sogleich in den Mund steckt, Kochtöpfe, Dosen mit Katzenfutter und schließlich sogar den Stiel von einem Wischmopp.

»Nun brauchen wir nur noch eine Belohnung für Ottokar. Ohne Belohnung geht nämlich gar nichts.« Frieda hebt Ottokars Fressnapf hoch und riecht an dem Inhalt. »Puh, das schmeckt ihm bestimmt nicht, habt ihr nicht was Besseres?«

»Heute Mittag gab es Hühnchen, da muss noch was von da sein.« Sebastian öffnet den Eisschrank. Richtig, in einer Schüssel liegt gebratenes Hühnerfleisch. »Ottokar ist ganz verrückt danach.«

»Na, wunderbar, dann kann es ja losgehen.«

Sie gehen zurück in Sebastians Zimmer. Ottokar schläft immer noch. Als Frieda ihm ein Stückchen Huhn hinhält, bewegen sich seine Schnurrhaare ganz leicht, dann öffnet er ein Auge und … schnappt so schnell zu, dass Frieda aufschreit.

»Er hat mich in den Finger gebissen, es blutet!«

Sebastian ist nicht sehr beeindruckt. »Du hast doch gesagt, du kannst wilde Tiere zahm machen, und Ottokar ist eben besonders wild.«

»Der ist nur verfressen, mehr nicht!« Frieda hält die Schüssel mit dem Fleisch hoch über ihren Kopf, denn Ottokar hat sich auf die Hinterbeine gestellt, angelt mit der Pfote in der Luft und miaut kläglich.

»Los, bring mir den Besenstiel!«, befielt Frieda. »Leg ihn über die beiden Stühle da, ja, so ist es gut. Und jetzt pass auf!«

Frieda stellt sich hinter die Besenstielhürde und hält ein Stück gebratenes Huhn in der Hand. Ottokar sitzt auf der anderen Seite und beobachtet sie. Frieda wedelt mit dem Fleisch hin und her.

»Allez, hopp, Ottokar, spring rüber, dann kriegst du's!«

Ottokar beginnt sich zu putzen. Immer energischer schwenkt Frieda ihre Hand vor Ottokars Nase, bis das Stück Fleisch zu Boden fällt und Ottokar es auffrisst.

»So was Dummes! Dein Kater ist aber auch zu blöd.« Frieda nimmt neues Fleisch aus der Schüssel und fängt noch einmal von vorn an. Der Versuch endet damit, dass Ottokar unter dem Besenstiel hindurchläuft und Frieda das Stück Huhn mit der Pfote aus der Hand schlägt.

»Jetzt hat er mich auch noch gekratzt, der Satanskater!«

Sebastian findet die Vorstellung sehr lustig, Frieda kann eben doch nicht alles.

»Immerhin habe ich ihm beigebracht, Männchen zu machen, siehst du?«

Wirklich, Ottokar steht auf seinen Hinterbeinen, die Schüssel mit dem Fleisch ist noch nicht leer.

Sebastian winkt ab.

»Das ist keine Kunst, das macht er immer, wenn er etwas zu fressen haben will.«

Aber so schnell gibt Frieda sich nicht geschlagen.

Schließlich stellt sie die Schüssel auf den Kleiderschrank.

»Schau, Ottokar, hier oben ist es nun, das leckere Fleischi, hol's dir!«

Ottokar läuft aufgeregt vor dem Schrank hin und her. Ein paarmal richtet er sich der Länge nach auf, aber natürlich reicht er nicht bis ganz nach oben, auch wenn er für einen Kater ziemlich groß ist.

Plötzlich springt Ottokar auf einen Stuhl, von dort auf das Fensterbrett, wobei er einen Blumentopf umwirft, und dann auf den Schrank. Sofort steckt er seinen dicken Kopf in die Schüssel. Frieda und Sebastian hören, wie er schmatzt.

»Na, spielt ihr schön?« Sebastians Mutter steht mit einem Tablett im Zimmer. »Ich habe euch eine kleine Stärkung mitgebracht.« Da sieht

sie den kaputten Blumentopf. »Herrje, das hübsche Korallenbäumchen! Und was, bitte, macht Ottokar auf dem Schrank?«

»Frieda hat ihn gebändigt, Mama, so wie wir es gestern im Zirkus gesehen haben. Frieda ist ein Dompteur!«

Ottokar ist inzwischen vom Schrank gesprungen und aus dem Zimmer gelaufen. Sebastians Mutter nimmt die leere Schüssel herunter.

»Das kann doch nicht wahr sein! Das ganze Hühnerfleisch ist weg! Das sollte es heute zum Abendbrot geben. Frieda! Wie konntest du nur …« Die Mutter dreht sich um, aber Frieda ist nicht mehr da. Genau wie Ottokar hat sie es vorgezogen, sich schnell aus dem Staub zu machen.

»Jetzt muss ich noch mal einkaufen gehen, damit wir was zu essen haben, das ist wirklich sehr ärgerlich!«

Sebastian umarmt seine Mutter.

»Mama, ich geh ja mit, aber du darfst auch nicht mehr böse sein, es war doch sooo lustig!«

»Na schön, du Schlingel, aber Ottokar bekommt zur Strafe kein Abendbrot.«

Ottokar kümmert das wenig, er ist satt.

Martina Dierks

Vom Bäcker, der nicht mehr backen wollte

Es gab einmal ein Land, das es vielleicht immer noch gibt, nur weiß niemand mehr, wo es liegt, da lebte der Bäcker Bernardo.

Das Land hieß »vielleicht und irgendwann«, und wie allen Menschen, die dort lebten, gefiel dem Bäcker nichts so sehr wie das Träumen. Also backte er am Morgen seine Brote, und am Nachmittag träumte er. Morgens beim ersten Hahnenschrei purzelte er aus dem Bett, und wenn die Mittagsglocken vom Schlossturm herüberbimmelten, legte er sich im Sommer auf die Wiese vor seinem Haus und im Winter auf den warmen Backofen.

Eines Tages hatte der Hahn bestimmt schon einundzwanzigmal gekräht, und die Sonne tauchte gerade über dem Horizont auf, da lag der Bäcker immer noch in seinem Bett und schlief. Er schlief so lange, bis die ersten »vielleicht und irgendwann«-Bewohner unten laut an die verschlossene Backstubentür pochten und riefen: »Wo bleibt das Brot, Bernardo, wir wollen frühstücken.«

Da erwachte der Bäcker schließlich.

Er hatte einen herrlichen Traum geträumt, den schönsten in seinem Leben. In dem Traum war er mit einem wunderhübschen Mädchen auf den Flügeln einer Wildgans bis hinauf zu den Sternen geflogen. Das Mädchen hatte tintenblaues Haar, das war im Land »vielleicht und irgendwann« nämlich modern, und schilfgrasgrüne Augen. Sie sang wie eine Fee und konnte die schönsten Schmetterlingsbilder malen, die Bernardo je gesehen hatte. Bernardo liebte Schmetterlinge.

Seit diesem Tag verschlief der Bäcker immer öfter den ersten Hahnenschrei, weil er hoffte, irgendwann in seinen Träumen das wunderhübsche Mädchen wiederzufinden. Aber so lange und so viel er auch träumte, er fand es nicht mehr.

Eines Tages verließ er sein dickes Daunenbett überhaupt nicht mehr und hängte ein Schild an die Tür, auf dem geschrieben stand:

»Ich muss meinen Traum wiederfinden und backe keine Brote mehr, basta.« Dann schlief er Tag und Nacht, wachte nur auf, um ein Butterbrot zu essen und einen Krug Kakao auszutrinken, dann rollte er sich gleich wieder in seine Bettdecke, um weiterzuschlafen und zu träumen. Die »vielleicht und irgendwann«-Bewohner waren ratlos.

Natürlich kannten sie Bernardos Traum, denn alle Menschen im Land »vielleicht und irgendwann« erzählten sich ihre Träume, und sie wünschten sich sehr, dass Bernardo bald sein Traummädchen wiederfinden würde, denn sonst mussten sie ja für immer ihre Brote selber backen. Und die schmeckten einfach nicht so gut wie Bernardos knusprige Bäckerbrote.

»Wir müssen das Mädchen aus seinem Traum suchen ...«, sagte eines Tages der Fischer Carlo auf einer großen Versammlung aller »vielleicht und irgendwann«-Bewohner. Alle beklatschten begeistert den klugen Vorschlag des Fischers und machten sich noch am selben Tag auf die Suche nach dem Mädchen mit den tintenblauen Haaren und den schilfgrasgrünen Augen.

Sie suchten in jeder Ecke ihres Landes, aber sie fanden es nicht. Entweder hatte ein Mädchen schilfgrasgrüne Augen und tomatenrotes Haar, was längst aus der Mode war, oder ein anderes hatte tintenblaues Haar und Augen dunkel wie reife Kirschen. Schmetterlingsbilder malen konnte keines und wie eine Fee singen schon gar nicht. »Wenn wir nur endlich ein Mädchen finden würden ...«, seufzte der Fischer Carlo eines

Abends, als er mit dem Müller Antonello auf der Wiese vor Bernardos Haus saß. Der Bäcker schlief nun schon zwei Wochen lang, und sein Schnarchen dröhnte laut aus seinem Schlafzimmer heraus.

»Warum hat er auch nur so einen komischen Geschmack …«, seufzte nun auch der Müller, denn er fand tintenblaues Haar abscheulich und schilfgrasgrüne Augen erst recht.

Da kam plötzlich ein Mädchen auf einem Pferdewagen herankutschiert.

Es war ein fremdes Mädchen, das der Müller und der Fischer noch nie gesehen hatten.

Sie trug Hosen mit grünen und gelben Karos und hatte ihr rotes Haar zu einem Pferdeschwanz zusammengebunden, das sah aus wie ein Rasierpinsel auf dem Kopf. Außerdem hatte sie die frechste Nase, die man sich vorstellen kann.

»Das ist bestimmt eine aus dem Land ›wenn schon, denn schon‹«, flüsterte Antonello dem Fischer ins Ohr. Denn dort hatten viele Mädchen solche frechen Nasen.

»Hallo!«, rief das Mädchen. »Ihr seht aus, als hätten eure Omas Flügel gekriegt und Löffelohren«, und sprang vom Kutschbock herunter. Denn Antonello und Carlo hatten das Mädchen so entgeistert angestarrt, als wäre es das berüchtigte Gespenst

Califano, das die Leute hierzulande in der Nacht oft mächtig erschreckte.

»Wie ich gehört habe, sucht ihr ein Mädchen ...«, sagte die Fremde.

»Ich glaube aber nicht, dass du die Richtige bist ...«, murmelte der Fischer verlegen.

»So, und warum? Wenn schon, denn schon gleich raus mit der Sprache!«, fauchte das Mädchen.

»Du hast kein tintenblaues Haar«, stotterte der Fischer Carlo.

Und der Müller brummte: »Und keine schilfgrasgrünen Augen ...«

»Passt mal auf, ihr zwei ›vielleicht und irgendwann‹-Einfaltspinsel«, rief das Mädchen grimmig, »ich bin Pinella aus dem Land ›wenn schon, denn schon‹ und brauche keine dämlichen *tintenblauen* Haare und *schilfgrasgrüne* Augen schon erst recht nicht. Denn ich backe das beste Brot der Welt. Wenn schon, denn schon fange ich gleich damit an.«

Und schon hatte das fremde, freche Mädchen die verschlossene Backstubentür mit einem Fußtritt aufgestoßen. Und Pinella backte die ganze Nacht, während Antonello und Carlo mit platt gedrückten Nasen am Backstubenfenster klebten und ihr sprachlos dabei zusahen. Beim Backen sang Pinella: »Ich backe die besten Brote der Welt, dafür bin ich bekannt, und alle Leute loben mich laut als den besten Bäcker im Land.«

Sie sang zwar nicht gerade wie eine Fee, aber dafür mächtig laut und nur ein klein bisschen falsch.

Von dem dröhnenden Gesang des Mädchens erwachte sogar schließlich der Bäcker. Schlaftrunken stieg er aus dem Bett und taumelte hinunter in die Backstube. Als er sich den Schlaf aus den Augen gerieben hatte und sah, dass ein fremdes Mädchen in seiner Backstube stand und seine Brote backte, war er sofort hellwach und rief: »Was erlaubst du dir, in meiner Backstube zu backen!«

»Pah ...«, entgegnete Pinella, während sie dem Bäcker den Rührlöffel auf die Brust setzte, »was heißt hier deine Backstube, wenn du nicht mehr backst, bist du auch kein Bäcker mehr.«

»Das ist doch ...«, entrüstete sich Bernardo.

»... die Wahrheit«, fuhr das Mädchen fort, reckte ihre freche Nase in die Höhe und schob wieder fünf Brote in den Ofen.

»Dir werde ich schon beweisen, wer hier die besten Brote backt ...«, zischte Bernardo. Pinella lachte schnippisch: »Na, dann fang mal an, wenn schon, denn schon gleich ...«

Und sie begannen, um die Wette zu backen. Dabei rempelten sie sich gegenseitig tüchtig an, wenn sie gleichzeitig ihre Brote in den Ofen schieben wollten. Nach einer Weile, sie hatten bestimmt schon fünfzig Brote gebacken, zog Pinella ein dampfendes Blech mit honiggelbem Rosinenzuckerbrot aus dem Ofen. Rosinenzuckerbrot aß Bernardo für sein Leben gern, und es war das einzige Brot, das er nicht backen konnte.

Und als die Brote gerade vor ihm auf dem Tisch landeten, stieg ihm der köstliche Duft so heftig in die Nase, dass er einfach von einem der Brote ein Stück abbeißen musste. Dann wollte er weiterbacken, aber er konnte überhaupt nicht mehr aufhören zu essen und hatte im Nu drei Rosinenbrote in sich hineingestopft.

»Du hast gewonnen ...«, seufzte der Bäcker schließlich, »noch nie in meinem Leben habe ich solch ein köstliches Rosinenbrot gegessen. Du musst unbedingt bei mir bleiben und mir jeden Tag solche herrlichen Brote backen.« Hochmütig streckte Pinella ihre freche Nase in die Luft. »Das muss ich mir wenn schon, denn schon erst einmal überle-

gen.« Sie überlegte eine ganze, ziemlich lange Weile. »Na gut, ich bleibe«, entschied sie endlich, aber gerade, als der Bäcker erleichtert vor sich hin seufzte und noch einmal ein Stück von einem Rosinenbrot abbiss, rief sie: »Aber nur, wenn du dir dieses Mädchen mit tintenblauen Haaren und schilfgrasgrünen Augen aus dem Kopf schlägst!«

»Alles, was du willst«, versprach der Bäcker kauend, denn was bedeuteten schon tintenblaue Haare und schilfgrasgrüne Augen, wenn er jeden Tag solch ein köstliches Brot essen konnte?

Katharina Lehmann

Bitte umsteigen!

Familie Bummel sitzt am Küchentisch, auf dem Fahrpläne liegen. Mama und Papa besprechen mit Lissi, Antonia und Tassilo, wer wann an welcher Haltestelle in welchen Bus steigt. Von nun an gehen die Kinder eigene Wege. Seit Mama ein Auto hat, hat sie die drei zum Reiten, zum Karatetraining, zum Tauchkurs, zum Schauspielunterricht, zur Musikschule, aber auch zu Geburtstagen, Arztterminen und Freunden gefahren. Sie wollte es so, weil sie gerne Auto fährt und die Kinder keine Erfahrung mit dem Bus haben. Doch auf die Dauer ist das anstrengend, kostspielig, und sie hat selbst zu gar nichts mehr Zeit.

»Ja, wenn ich richtig Taxi fahren würde – als Beruf, das wäre etwas anderes!«, findet sie. Und weil Lissi so gedrängelt hat, hat sie beschlossen: »Schluss jetzt mit Taxi Mama! Ihr steigt um!«

Lilli muss den Hundertzwanziger nach Roggendorf nehmen, das weiß sie schon lange. Genau genommen, seit sie Mirko und Malte im Flötenunterricht kennengelernt hat. Die beiden wohnen in derselben Straße wie sie, sind so alt wie sie und fahren seit der ersten Stunde alleine zum Kurs, und zwar *mit dem Hundertzwanziger*, wie sie sagen. Das hat Lilli neugierig gemacht, und so hatte ausgerechnet sie, Bummels Jüngste, die noch nicht mal zur Schule geht, die Idee, es Mirko und Malte gleichzutun. Jetzt ist Lissi mächtig gespannt auf ihre erste Busfahrt, noch dazu ohne Mama. Tassilo und Antonia ziehen sich an. Sie nehmen einen früheren Bus, der in eine andere Richtung fährt als der Hundertzwanziger. Tassilo muss nach Windsbach zum Tauchkurs und Antonia nach Brummeck zum Schauspielunterricht.

Die beiden sind wenig erfreut über das Umsteigen auf den Bus und verabschieden sich mit einem müden »Tschüss«.

»Unsere Großen mögen's bequem«, meint Mama. Und Papa frotzelt: »Wahrscheinlich wären Hausbedienstete wie Lakaien, Chauffeure und Sänftenträger nach ihrem Geschmack. Wenn wir die hätten, dann müssten sie keinen Handschlag mehr tun.«

»Vielleicht ist es gut so, wie es jetzt ist«, sagt Mama nachdenklich. Sie weiß, dass sie es war, die jedem ein Hobby ermöglichen und sich für alle um alles kümmern wollte.

Lissi hört kaum zu. Sie sitzt am Tisch und betrachtet die Zahlen, die auf den Fahrplänen stehen, unzählig viele, immer vier durch einen Punkt getrennt. Auch wenn es mit dem Zählen noch nicht ganz klappt, kann Lissi sehr wohl

schon Zahlen lesen. Etwa dreizehn Punkt achtzehn oder elf Punkt zwanzig. Das sind die Uhrzeiten, zu denen die Busse abfahren.

»Ganz schön schwierig«, findet Lissi. »Wie kann ich sicher sein, dass die Busse auch wirklich zu diesen Zeiten an die Haltestelle kommen? Ist das nicht Zauberei?«

»Nein, ist es nicht«, lacht Papa.

»Komm, Lissi, wir müssen die Jacken anziehen, ich bringe dich zur Haltestelle«, sagt Mama, doch Lissi protestiert: »Wozu? Ich kenne den Weg! Außerdem gehe ich mit Mirko und Malte zusammen.«

Mama sieht ihre Jüngste an. »Also gut. Du musst aber darauf achten, nicht zu trödeln, sonst verpasst du den Bus um vierzehn Uhr achtzehn.«

»Du wirst sehen, wie pünktlich die Busse sein werden!«, grinst Papa noch. Lissi verabschiedet sich und macht sich mit dem roten Samtetui auf den Weg.

»Und vergiss deine Flöte nicht im Bus«, ruft Mama ihr hinterher.

Lissi winkt und geht die Straße hoch zu Mirko und Malte, die sie vor der Toreinfahrt erwarten.

»Na, Lampenfieber?«, fragt Malte.

»Nur ein bisschen«, sagt Lissi. Mirko und Malte lächeln, sie kennen das.

An der Bushaltestelle Hauptstraße Winkelhausen warten zwei ältere Damen, ein Mann mit Hut und ein Opa mit Hündchen. Keine Kinder. Lissi, Mirko und Malte sind die einzigen. Lissi spürt, wie die Wartenden sie beobachten. Strenge, neugierige, aber auch freundliche Blicke verfolgen ihre Bewegungen. Etwa, weil sie ohne Erwachsene unterwegs sind? Vor der Haltestelle fahren Autos und Laster vorbei, es ist laut, die Luft schmeckt muffig. Das Warten hat sich Lissi schöner vorgestellt. Ob der Bus gleich kommen wird?

»Woher wisst ihr eigentlich, dass gleich ein Bus kommt?«, fragt Lissi ihre Freunde. Die sehen einander an, und Mirko sagt: »Das steht so im Fahrplan. Der Bus fährt nach Fahrplan.«

Im nächsten Moment kommt er, der Hundertzwanziger. Lissis Herz schlägt höher. Der Fahrplan hat also tatsächlich recht! Der Bus hält so, dass die vordere Tür sich genau vor ihr öffnet. Es ist eine Klapptür, die sogar von selbst aufgeht. Klasse, echt klasse. Jetzt ist sie auch noch die Erste, die das Treppchen hinauf zum Busfahrer steigen darf! Dann aber erblickt sie den Busfahrer, der mit bewegungslosem Gesicht die Einsteigenden betrachtet. Mit seiner starren Miene kommt er ihr finster vor. Lissi steigt die Stufen hinauf und bleibt vor ihm stehen. »Guten Tag. Ich heiße Lissi Bummel. Ich fahre heute zum ersten Mal mit dem Hundertzwanziger.«

Dann verzieht sich der Mund des Busfahrers zu einem Grinsen, seine Augen leuchten auf, als er erwidert: »Dann wünsche ich dir eine gute Fahrt.«

»Geht's schneller?«, kräht eine Stimme von draußen. Lissi dreht sich um. Eine der Damen drängelt. Mirko, der hinter ihr steht, raunt: »Geh nach hinten, wir setzen uns auf die Rückbank.«

Als sie alle drei sitzen, fragt Lissi: »Wie macht das der Bus, dass er genau zu der Uhrzeit kommt, die im Fahrplan steht?«

»Er fährt jeden Tag zur gleichen Zeit dieselbe Strecke von Winkelhausen nach Roggendorf«, erklärt Mirko.

»Ist das nicht langweilig? Darum macht der Busfahrer so ein ernstes Gesicht!«

Lissis Freunde lachen.

Als der Bus losfährt, spürt Lissi jede Kurve im Bauch. Der Bus fährt ruppig, bremst abrupt, einmal fällt sie beinahe vom Sitz. Sie hält sich mit beiden Händen am Vordersitz fest. Tassilo und Antonia haben recht, in Mamas Auto chauffiert zu werden ist bequemer. Trotzdem genießt sie es, mit Mirko und Malte allein unterwegs zu sein, ohne Mama und ohne Geschwister, die so gerne streiten und nörgeln.

Am Abend sitzt Familie Bummel wieder am Küchentisch. Jeder erzählt, was er erlebt hat.

Antonia schwärmt: »Stellt euch vor: Ich habe im Bus meine Schauspiellehrerin getroffen und mich gleich neben sie gesetzt, jetzt sind wir befreundet. Wir werden uns immer vor der Stunde im Bus treffen und danach zusammen zurückfahren.«

Tassilo mag erst nicht so viel erzählen, auch er ist jemandem im Bus begegnet. Aber dann verrät er: »Sie ist klein und rothaarig, kann fünf Meter tief tauchen, und wenn sie lacht, dann strahlen ihre Augen voll wie die Leuchtkugeln. War nicht schlecht, die Fahrt.«

Er legt seiner kleinen Schwester die Hand auf die Schulter: »Zu verdanken haben wir das dir, Lissi. Ohne dich wären wir nicht darauf gekommen.«

»Tja, kein Taxi Mama mehr!«, sagt Papa und will mit dem Abendbrot beginnen. Aber da klopft Mama mit dem Löffel ans Glas: »Wisst ihr, was *ich* heute gemacht habe?«

»Mit dem Bus bist du jedenfalls nicht gefahren«, grinst Tassilo, und seine Schwestern kichern. Nein, es ist etwas ganz anderes: Mama hat sich für einen Taxischein angemeldet. Sie wird ihr Auto zu einem Taxi umrüsten lassen. Und nun sitzen Papa, Tassilo, Antonia und Lissi mit offenen Mündern da und staunen: über ihre Taxi-Mama!

Ingrid Uebe

Kleiner Räuber wünscht sich einen Hund

Kleiner Räuber wohnte mitten im Wald. In einer Höhle natürlich. Er wohnte da mit Räubervater, Räubermutter, Räuberbruder und Räuberschwester. Die ganze Familie hielt zusammen wie Pech und Schwefel.

»Das gehört sich auch so«, sagte Räubervater immer. »Leute wie wir müssen sich aufeinander verlassen können!«

Räuberbruder und Räuberschwester waren schon ziemlich groß. So groß, dass ihnen Kleiner Räuber manchmal ein bisschen lästig wurde. Entweder wollte er mit ihnen spielen, oder er wollte dieselben Sachen machen wie sie.

»Kleiner Räuber«, sagte Räuberschwester, »kannst du dich nicht *mal* mit deinen Tieren beschäftigen?«

»Finde ich auch!«, sagte Räuberbruder. »Deine Tiere sehen sehr hungrig aus. Du müsstest sie dringend füttern!«

Kleiner Räuber hatte eine Menge Tiere. Aber sie waren alle aus Plüsch. Oder aus Holz. Oder aus Plastik.

»Meine Tiere sind doof!«, sagte Kleiner Räuber. »Wenn ich bloß einen richtigen Hund hätte! Mit dem würde ich spielen. Den würde ich füttern und bürsten und baden und überhaupt …«

Räubermutter schüttelte den Kopf. »Ein richtiger Hund kommt mir nicht in die Höhle! Wir haben schon jetzt viel zu wenig Platz.«

Tatsächlich bestand die Höhle nur aus einem einzigen Zimmer. In der Mitte lagen die Sachen, die man bei Raubzügen erbeutet hatte – alle auf einem riesigen Haufen. An den Wänden ringsum standen ein Kleiderschrank, eine Badewanne, ein Herd und ein Esstisch mit zwei Bänken. Zum Glück hatte die Höhle fünf Ecken.

In diesen fünf Ecken standen fünf Betten – für jeden eins. Alle waren gleich groß. Kleiner Räuber fühlte sich in seinem Bett manchmal ziemlich verloren. Dann kroch er einfach zu seinen Geschwistern unter die Decke.

»Hat man vor dir nicht mal nachts seine Ruhe?«, stöhnte die Schwester dann, oder der Bruder knurrte: »Hol dir doch eins von deinen Tieren!«

»Ja, wenn ich einen richtigen Hund hätte, den würde ich gern mit ins Bett nehmen«, erwiderte Kleiner Räuber dieses Mal, und die Mutter rief ganz aufgeregt aus ihrem Bett herüber: »Das würde ich dir verbieten! Richtige Hunde gehören nie und unter gar keinen Umständen ins Bett.«

Kleiner Räuber hörte dennoch nicht auf, sich einen zu wünschen.

»Ich will ja nur einen ganz kleinen! Einen, der ganz wenig Platz braucht. Aber einen, der läuft und springt und mit dem Schwanz wedelt, wenn er mich sieht!«

»Ja, und der obendrein bellt!«, grollte der Vater. »So einer hätte mir noch gefehlt. Stell dir vor, wir lauern im Gebüsch, und dieser Hund bellt! Na dann, Beute, ade!«

Kleiner Räuber seufzte. Seit er laufen konnte, war er

auf allen Raubzügen dabei gewesen, und er wusste, dass man dabei nicht schreien, nicht sprechen, nicht singen, nicht im Laub rascheln, nicht auf dürre Äste treten durfte.

»Und damit basta!«, grollte Räubervater. Seine Vorfahren stammten nämlich aus Italien. Wenn er *basta* sagte, wollte er kein Wörtchen mehr hören.

So gingen die Tage und Nächte dahin. Für Kleiner Räuber voller Sehnsucht nach einem richtigen Hund.

Eines Morgens rief Räubervater beim Frühstück: »Heute Nacht überfallen wir Herrn Pfeffersack. Der hat bestimmt alle Taschen voll Geld. Er ist Pferdehändler und verkauft heute auf dem Markt einen Hengst, eine Stute und auch noch zwei Fohlen, bestimmt wieder für einen viel zu hohen Preis.«

»Woher weißt du das?«, fragte Kleiner Räuber.

»Ich weiß es eben. Und damit basta!«, sagte Räubervater, diesmal etwas unwillig.

Als er am Abend vor die Höhle trat, nickte er zufrieden. Die Nacht war kohlpechrabenschwarz – und wie gemacht für einen erfolgreichen Raubzug. Die Räuberfamilie versteckte sich im Wald, zwischen Farnkraut und Büschen, gleich hinter der Wegbiegung. Dort warteten sie. Lange Zeit. Endlich hörten sie in der Ferne einen Gesang. Der kam immer näher. Es war Herr Pfeffersack, der da sang. Nämlich: »Ja, im Wald, da sind die Räu-häuber. Halli-halli-hallo, die Räu-häuber …«

Herr Pfeffersack hatte seinen Hund an

der Leine und sang, weil er in der Stadt ein gutes Geschäft gemacht hatte und zwei Beutel voll Geld in der Tasche trug, einen links und einen rechts. Als das Lied zu Ende war, schimpfte Herr Pfeffersack mit seinem Hund. »Hasso, zerr nicht so an deiner Leine! Willst du mir etwa den Arm ausreißen?«

Hasso war ein großer, starker, gefährlich aussehender Zottelhund.

»Zieh nicht so, Mistkerl! Du kommst wohl mal wieder nicht schnell genug an deinen Futternapf. Aber heute kriegst du nichts mehr. Du hast erst gestern eine üppige Mahlzeit gehabt.«

Tatsächlich bekam Hasso nur jeden zweiten Tag etwas zu fressen. Und gute Worte hörte er nie. Sein ganzes Hundeleben lang hatte Herr Pfeffersack ihn nicht ein einziges Mal gestreichelt oder hinter den Ohren gekrault.

»Wenn du nicht aufhörst zu ziehen, kriegst du eins übergebraten!«, sagte er zornig. »Wir wollen sehen, wer stärker ist – ich oder du!«

Als er sich bückte, um einen Stock aufzuheben, verstellte ihm Räubervater den Weg. Herr Pfeffersack richtete sich auf und wusste sofort, was die Glocke geschlagen hatte. Er wollte sich umdrehen und weglaufen. Doch da stand Räubermutter und ließ es nicht zu. Gleichzeitig kamen Räuberbruder und Räuberschwester aus dem Gebüsch. Zuletzt klammerte sich Kleiner Räuber an Herrn Pfeffersacks Beine.

»Geld oder Leben!«, rief Räubervater.

»Ich lass dich nicht los!«, rief Kleiner Räuber.

Herr Pfeffersack schluckte. Einen Augenblick stand er ganz still. Dann ließ er seinen Hund von der Leine und zischte: »Hasso, fass!«

Doch Hasso – Hasso gehorchte ihm nicht. Er sah von einem Mitglied der Räuberfamilie zum anderen. An Kleiner Räuber blieb sein Blick hängen. Ihm war durchaus klar, was die fünf im Sinn hatten. Aber er fand nicht, dass er seinen Herrn davor schützen sollte.

»Hasso, fass!«, zischte Herr Pfeffersack wieder.

Hasso legte den Kopf in den Nacken und knurrte ihn an. Im nächsten Augenblick begriff er, dass er die Leine los war. »Wuff!«, machte er und: »Wuff! Wuff!« Zuerst schüttelte er sich, dann stellte er sich auf die Hinterbeine, und schließlich warf er Herrn Pfeffersack einfach um. Anschließend drückte er ihn mit den Vorderpfoten zu Boden und hielt ihn dort fest. Räubervater musste nur noch zugreifen. Er fand einen dicken Beutel voll Geld in Herrn Pfeffersacks linker Hosentasche. Herr Pfeffersack rappelte sich mühsam auf. Ein Geldbeutel war ihm immerhin geblieben, und er machte sich jammernd und schimpfend davon. »Los, komm, Hasso!«

Aber der setzte sich hin und dachte gar nicht daran, ihm zu folgen.

»Braver Hund!«, sagte Räubervater. »Braver Hund!«, sagten alle.

Kleiner Räuber hatte Hasso um den Hals gefasst und drückte sein Gesicht in das Zottelfell.

Von da an hatte Kleiner Räuber einen richtigen Hund. Einen, der mit dem Schwanz wedelte, wenn er ihn sah. Ja, auch einen, der bellte! Aber nur, wenn er durfte. Denen, die er lieb hatte, gehorchte Hasso nämlich aufs Wort.

Übrigens schlief er nicht bei Kleiner Räuber im Bett. Allerdings dicht daneben! Kleiner Räuber musste nur die Hand ausstrecken, dann konnte er das Zottelfell fühlen.

Hubert Schirneck

Das olympische Känguru

Vor einigen Jahren war ich als Tierforscher in Australien unterwegs. Ich beobachtete die Australischen Riesenameisen, was eine sehr schwere Aufgabe ist, weil sie ihren Ameisenbau, der bis zu siebzig Meter hoch werden kann, nur bei Vollmond verlassen. Außerdem sind sie sehr misstrauisch, vor allem Tierforschern wie mir, Taddäus Wolkenstein, gegenüber. Leider bekam ich sie nicht zu Gesicht, weil ich vergaß, mich gegen den Wind anzupirschen. Die Ameisen husteten mir eins und verließen ihren Bau nicht. Pech gehabt.

Stattdessen kam mir jedoch eine andere interessante Angelegenheit zu Ohren, die ich hier wiedergeben will: Eines Tages nämlich hatten die Australier eine tolle Idee. Um genau zu sein, die Idee hatte Mr Jack Norton, der Vorsitzende des Nationalen Olympischen Komitees. Um ganz genau zu sein, die Idee hatte dieser Mr Norton, nachdem er die olympischen Statuten durchgelesen hatte, und zwar sehr sorgfältig, von vorn bis hinten, Satz für Satz und Wort für Wort. Die olympischen Statuten sind die Regeln, nach denen die Wettkämpfe stattfinden. Bei einer Versammlung des Komitees hielt Mr Norton eine wichtige und folgenschwere Rede: »Meine sehr verehrten Damen und Herren. Liebe Komitee-Mitglieder. Liebe Australier. Wie Sie alle wissen, haben wir bei den letzten Olympischen Spielen nicht sehr gut abgeschnitten. Wir haben viel zu wenig Medaillen gewonnen. Ich habe lange darüber nachgedacht, wie wir das ändern können, das heißt, wie wir bei der nächsten Olympiade viel besser sein können.«

»Aha, und wie sollen wir das machen?«, rief jemand dazwischen.

Mr Norton tippte sich vielsagend an die Schläfe: »Mit meiner genialen Idee. Ich habe die olympischen Statuten durchgelesen, und dabei ist mir aufgefallen: Nirgends steht, dass die Sportler unbedingt Menschen sein müssen. An keiner einzigen Stelle ist das erwähnt. Das heißt, wir könnten ein Känguru zum Weitsprung antreten lassen und würden damit nicht gegen die Regeln verstoßen. Die Goldmedaille ist uns praktisch sicher.«

Die anderen Komitee-Mitglieder waren erst einmal sprachlos. Ein Känguru beim Weitsprung? Einige lachten, andere schüttelten den Kopf.

Drei Stunden lang diskutierten sie über diesen tierischen Vorschlag, dann wurde er einstimmig angenommen. Jetzt brauchten sie nur noch ein geeignetes Känguru. Aber davon gibt es in Australien schließlich mehr als genug. Irgendwo im Busch fanden sie eins, das genau ihren Vorstellungen entsprach. Es hatte alle Eigenschaften, die ein Weitsprung-Känguru braucht. Außerdem war es klug, was ja bei einem Weitspringer wichtig ist, damit er weiß, in welche Richtung er springen muss.

Und so kam es, dass bei den Olympischen Spielen ein

Känguru namens Lisa Goodleg an den Start ging. Den anderen Sportlern blieben die Münder offen stehen. Als sie sich von ihrem Schock erholt hatten, riefen sie: »Aber das geht doch nicht, das ist doch ein Känguru!«

»Gut beobachtet«, sagten die Australier. »Steht denn irgendwo, dass ein Känguru nicht weitspringen darf?«

Den Kampfrichtern gefiel die ganze Sache überhaupt nicht. Eifrig studierten sie die olympischen Statuten und mussten schließlich zugeben, dass die Australier recht hatten: »Stimmt, hier steht kein Wort von einem Känguru.«

Und Lisa Goodleg durfte starten. Sie sprang vier Meter weiter als alle anderen, obwohl sie auch noch ein Baby im Beutel hatte, und gewann überlegen die Goldmedaille. Zur Siegerehrung klickten Hunderte Fotoapparate, als das Beuteltier elegant auf das Siegertreppchen sprang. Millionen Menschen auf der ganzen Welt saßen vor den Fernsehern und wurden Zeugen dieses unerhörten Ereignisses: Zum ersten Mal in der olympischen Geschichte wurde eine Goldmedaille um einen Känguruhals gehängt. Lisa Goodleg genoss das Spektakel. Sie verbeugte sich immer wieder und drehte eine Ehrenrunde nach der anderen. Sie war der große Star der Olympiade. Die Sache machte ihr so viel Spaß, dass sie sich mit der einen Medaille nicht zufriedengeben wollte. Ihre nächste Disziplin war der Hochsprung, danach nahm sie noch am Dreisprung und

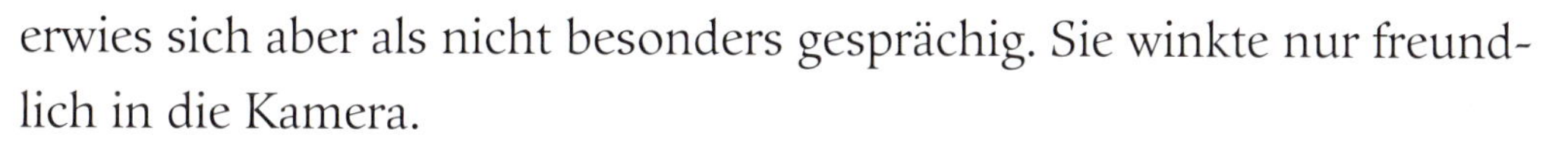

am 200-Meter-Lauf teil. Alle Wettbewerbe gewann sie mit großem Vorsprung.

»So, das reicht jetzt«, sagte der australische Trainer. »Vier Goldmedaillen, so viele hatten wir schon lange nicht mehr.«

Als das Känguru nach Hause kam, wurde es wie ein Volksheld gefeiert, und in Sydney wurde ihm sogar ein Denkmal gebaut. Lisa Goodleg wurde in mehrere Fernsehshows eingeladen, erwies sich aber als nicht besonders gesprächig. Sie winkte nur freundlich in die Kamera.

Die Organisatoren der Olympischen Spiele dagegen waren überhaupt nicht glücklich. Es war etwas vorgefallen, das ihnen ganz und gar nicht gefiel. Und sie hatten nichts dagegen tun können. Das war ärgerlich, und sie mussten etwas unternehmen. Tagelang grübelten sie, bis ihnen die Köpfe rauchten und bis sie endlich eine Lösung hatten.

Sie änderten die olympischen Statuten. Sie fügten den folgenden Satz hinzu: »An den Olympischen Spielen dürfen keine Kängurus teilnehmen.« Sie lasen den Satz immer wieder durch, nickten anerkennend und waren von der eigenen Klugheit ganz überwältigt.

Der Satz war vollendet formuliert und hatte eine glasklare Aussage. Mit diesem Satz konnte ihnen nichts mehr passieren.

In diesem Punkt irrten die Damen und Herren des olympischen Komitees allerdings gewaltig. Tatsächlich war bei der nächsten Olympiade weit und breit kein Känguru zu sehen. Allerdings wäre es diesmal auch gar nicht besonders aufgefallen. Es sah aus, als hätten alle Sportler und Trainer ihre Haustiere mitgebracht, und es handelte sich dabei wahrscheinlich nicht nur um Katzen, Hunde und Meerschweinchen.

Am Kugelstoßen zum Beispiel nahm ein Elefant teil. Er stieß die Kugel so weit, dass das Maßband nicht ausreichte. Die Sieger der Schwimmwettbewerbe hatten verdächtig viel Ähnlichkeit mit Robben und Seehunden, und beim Marathonlauf tauchten plötzlich Windhunde auf.

Die polnische Fußballmannschaft hatte sich auch etwas ausgedacht: Der Mittelstürmer war ein Tausendfüßler, und im Tor stand ein Flusspferd. Das Flusspferd füllte das Tor vollständig aus, und Polen gewann 37:0.

Mr Jack Norton bekam graue Haare und ging in Rente. Zum Abschied sagte er: »Irgendwie ist mir das alles zu unmenschlich geworden.« Nahm seinen Hut und ging. Die anderen blieben zurück. Ratlos. Wie immer.

Endlich ergriff der neue Vorsitzende das Wort: »Wenn das so weitergeht, haben wird bald eine reine Tierolympiade. Das ist doch nicht Sinn der Sache, oder?«

Die Mitglieder des Komitees nickten zustimmend. Es war wieder einmal Zeit für eine Änderung der Statuten, in denen nun dieser Satz zu finden ist: »An den Olympischen Spielen dürfen keinerlei Tiere teilnehmen.« Seitdem ist alles wieder beim Alten.

Wer aber heute durch den australischen Busch wandert, kann mit etwas Glück einem Känguru begegnen, das unglaublich weit springen kann und vier Goldmedaillen um den Hals hängen hat. Und daran sieht man, dass diese Geschichte vollkommen wahr ist, so wahr ich der berühmte Tierforscher Taddäus Wolkenstein bin.

Jörg Wolfradt

Lilli und der Falltag

Lilli schlief noch tief und fest an diesem Morgen. Doch als sie sich im Schlaf zur Seite drehte, passierte es: Lilli fiel aus dem Bett und landete auf dem gelben Teppichboden. Sie war gleich hellwach, rieb sich die Augen und schaute hoch. Von hier unten sah ihr Zimmer ganz anders aus. Eigentlich war es ja ziemlich klein, aber jetzt wirkte es irgendwie größer.

Lilli drehte sich auf den Bauch. Jetzt hatte sie den Eindruck, dass plötzlich ganz viele Sachen auf dem Boden lagen. Neben ihrem kleinen Schreibtisch zum Beispiel, da lag das schwarze Heft, in das Lilli immer rote Buchstaben stempelte. Und gleich daneben war der blaue Papierkorb umgekippt und zerknülltes Papier herausgekullert. Das Papier hatte Lilli aus dem Kindergarten mitgebracht, weil sie sich mit ihrem Freund Basti eine Geheimschrift aus Kreuzen und Kreisen ausgedacht hatte. Zu Hause aber konnte sie ihre eigene Geheimschrift nicht mehr lesen, und deshalb war das Papier im Papierkorb gelandet.

Vor dem Fenster unten auf dem Boden erblickte Lilli ihren Teddy. Saß der nicht normalerweise auf der Fensterbank?

Und die Anziehsachen von gestern lagen nicht ordentlich auf dem Stuhl, sondern verstreut im Zimmer herum.

Lilli überlegte: »Komisch, zuerst falle ich aus dem Bett auf den Fußboden, und jetzt liegen auch noch die Sachen hier unten herum. Was wäre, wenn … ja, wenn heute Falltag wäre!«

Ganz langsam erhob sich Lilli und wackelte ein bisschen mit ihren Beinen. Als hätte sie heute Gummibeine.

Vorsichtig bewegte sich Lilli immer dicht an der Wand entlang, um sich notfalls daran abzustützen. Sie ging aus dem Zimmer, durch den langen Wohnflur und vorbei an Papas Aktentasche. Die lag auch auf dem Boden. Jetzt erreichte Lilli die Küche. Auch hier streifte sie immer dicht an den blauen Kacheln entlang.

»Morgen, Lilli«, begrüßte sie ihr Vater, der gerade eine Wurstscheibe auf sein Brot legte.

»Morgen, Papa, bin gleich da«, sagte Lilli.

Lillis Vater schaute etwas überrascht und sagte: »Lass mich raten. Heute ist bestimmt ›Lauf-immer-an-der-Wand-entlang-Tag‹.«

Lilli seufzte: »Ach was, heute ist Falltag! Da muss man ganz schön aufpassen.« Aber schon war es passiert: Schwupps, rutschte dem Vater die Wurstscheibe vom Brot.

»Siehste«, meinte Lilli, und ihr Vater lachte.

Lilli frühstückte heute nicht zu Hause, denn einmal in der Woche aßen die Kinder morgens gemeinsam im Kindergarten. Und noch etwas war anders heute Morgen. Lillis Mutter konnte ausschlafen, weil der Vater Lilli mit dem Auto zum Kindergarten brachte. Das war Lilli auch lieber, denn mit ihrem roten Fahrrad mochte sie an einem Falltag nicht so gerne fahren.

Langsam und vorsichtig ging Lilli ins Badezimmer, putzte sich die Zähne im Sitzen und schlich behutsam an der Wand entlang ins Kinderzimmer, wo sie sich sicherheitshalber auf dem Boden anzog.

Da rasselte Lillis Vater auf dem Flur auch schon mit den Autoschlüsseln.

»Lilli!« Er schaute in Lillis Zimmer und sagte: »Hier müsste dringend mal Klarschiff gemacht werden.«

Lilli schüttelte den Kopf. »An einem Falltag? – Viel zu gefährlich!«

Lillis Vater hingegen meinte, dass in Lillis Zimmer immer Falltag sei.

»Warum fallen überhaupt Sachen herunter?«, wollte Lilli wissen.

»Das kommt von der Schwerkraft«, erklärte ihr Vater.

»Schwertkraft?«, fragte Lilli und fing schon an, ein großes unsichtbares Schwert durch die Lüfte ihres Zimmers zu schwingen.

»Nein, Schwerkraft«, wiederholte der Vater. Und er nahm eine kleine Daunenfeder von Lillis Kopfkissen, die eigentlich *in* Lillis Kopfkissen gehörte. Der Vater hielt die Feder in die Höhe, dann ließ er sie fallen. Langsam schwebte sie zu Boden.

»Alles fällt zu Boden, wenn man es lässt«, sagte er. Darüber hatte Lilli noch nie nachgedacht.

Aber das war längst noch nicht alles. Während der Autofahrt erzählte der Vater ihr von Riesenmagneten und warum man auf dem Mond nie ein Pflaster braucht. Das musste Lilli nachher unbedingt ihrem Freund Basti erzählen.

Vor dem Kindergarten fiel Lilli Basti fast in die Arme.

»Weil heute Falltag ist«, erklärte sie ihm, aber auch, weil sie riesigen Hunger hatte. Nach dem gemeinsamen Frühstück mit drei Scheiben Fleischwurst ging es Lilli schon besser. Nun hielt sie nichts mehr im Spielzimmer, denn draußen war es warm und sonnig.

Das Tollste an Lillis Kindergarten waren die große Wiese und der Spielplatz direkt hinter dem Haus. In einer stillen Ecke am Rande der Wiese ließen sich Lilli und Basti ins Gras fallen. Basti wollte wissen, woran man einen Falltag überhaupt erkannte.

Lilli dachte nach. Eigentlich wusste sie es auch nicht so genau. Trotzdem, wie immer wollte sie auf alles eine Antwort haben. Und deshalb sagte sie: »Am besten würde man ihn erkennen, wenn jetzt Regen fallen würde.«

Basti verstand nur Bahnhof. »Regen fällt doch nicht nur an Falltagen!«

»An einem Falltag fällt er aber schneller als sonst«, beeilte sich Lilli zu erklären. Ob das Basti überzeugte?

Da summte eine dicke, fette Hummel um sie herum.

»Wie anstrengend das für den Brummer sein muss, immer mit den Flügeln zu schlagen, damit er nicht runterfällt«, sagte Lilli.

Und sie erklärte Basti die Sache mit der Schwerkraft: »In der Erde gibt es riesengroße Magneten, die alles auf den Boden ziehen wollen.« Das musste Basti gleich ausprobieren. Er stand auf und ließ sich langsam nach vorne fallen.

»Wie das zieht«, staunte Basti.

»Auf dem Mond ist das aber ganz anders«, meinte Lilli. »Da braucht man nie ein Pflaster. Es gibt dort keine Schwerkraft. Also kann man auch nicht hinfallen. Dafür schwebt man den ganzen Tag durch die Gegend.«

Basti überlegte. Dann pflückte er eine Pusteblume von der Wiese, pustete kräftig und sagte: »Die kleinen Schirmchen schweben doch auch. Oder sind wir hier auf dem Mond?«

Lilli schüttelte den Kopf: »Sind wir nicht. Komm mit! Wir schauen, wo sie landen.« Die beiden liefen den Schirmchen kreuz und quer über die Wiese hinterher. Dabei stolperte Lilli über einen Plastikspaten, der eigentlich in den Sandkasten gehörte. Und Basti schimpfte ganz schön, als er fast über einen herumliegenden Stock gestürzt wäre. Es war eben Falltag, und die beiden hatten nur Augen für ihre Schirmchen. Und tatsächlich: Früher oder später hatte sich jedes Schirmchen einen Landeplatz gesucht. Basti musste noch mal über die »Schwebkraft« auf dem Mond nachdenken. Er fand die Vorstellung toll, dort wie ein Vogel in der Luft zu schweben. Blöd war nur, dass dann alles andere auch mitschwebte.

»Der ganze Müll zum Beispiel«, kicherte Lilli.

»Obwohl der doch eigentlich Ab*fall* heißt«, sagte Basti lachend. Und weil heute *Fall*tag war, fiel den beiden noch mehr ein: Auf dem Mond gab es keinen Wasser*fall*, keine *Fall*schirme und auch kein *Fall*obst.

»Weißt du, was nur auf der Erde so richtig Spaß macht?«, fragte Basti immer noch kichernd und angelte sich einen Ball aus der Sandkiste.

»Au ja«, schrie Lilli. Sie sprang auf, schnappte sich den Ball und warf ihn Basti zu. Hin und her wanderte der Ball. Keiner ließ ihn fallen, und so vergaßen die beiden völlig, dass heute eigentlich Falltag war.

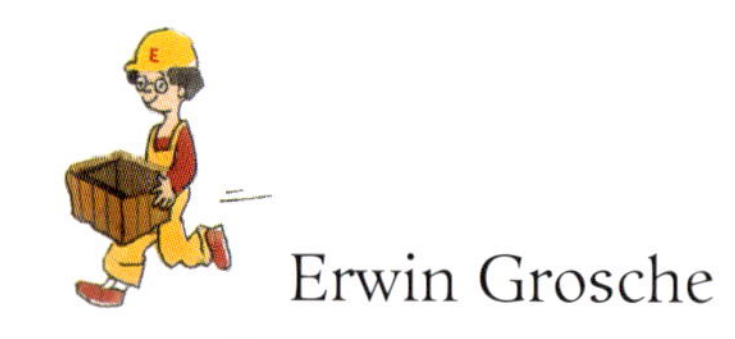

Erwin Grosche

Horst erfindet den Hochsteiger

Horst saß mit seiner Katze auf den Stufen einer Treppe. Die Sonne schien und beleuchtete die Welt. Horst wartete auf seine Freunde. Er wollte ihnen seine kleine Katze zeigen, die so schön schnurren konnte. Er hatte die Katze zu seinem Geburtstag bekommen und sie sofort Sternchen getauft, da der Kopf mit einem weißen Fleck überzogen war, der aussah wie ein Stern. Ansonsten war die Katze schwarz und frech.

Inga, Paula und Stefaan kamen angelaufen und streckten ihre Arme aus.

»Was ist die süß!«, rief Inga.

»Sie heißt Sternchen«, sagte Horst stolz und kraulte ihren Rücken.

»Kann ich sie auch mal haben?«, fragte Paula und beugte sich zu der Katze hinunter.

Sternchen sprang Horst aus den Armen. Sie wollte Fangen spielen und sprang an das Rosengitter der Garage und krabbelte daran hoch, bis sie auf das Dach klettern konnte. Die Kinder schauten erschrocken nach oben und blinzelten in die Sonne am Himmel.

»Komm da runter!«, rief Horst Sternchen zu.

Das war leichter gesagt als getan. Manchmal kommt man schnell auf etwas hinauf, und dann wundert man sich, wie schwer es ist, von dort wieder herunterzukommen. Die Katze lief am Rand des Daches entlang, miaute traurig und traute sich nicht, herunterzuspringen.

Die Kinder überlegten, wie sie Sternchen helfen könnten.

»Es müsste etwas geben, mit dem man sofort auf die Garage kommt«, sagte Horst.

»Ich glaube, hier ist Horst, der Erfinder, gefragt«, nickte Inga, und Horst nickte auch. Er müsste etwas erfinden, auf das man steigen kann, um so auf die Garage zu kommen.

Horst lief in den Keller. Hier, im Werkzeugraum seines Vaters, war auch sein Erfinderraum. Er setzte sich sofort seinen gelben Sturzhelm auf, auf den ein rotes **E** gemalt war. Ein **E** wie Erfinder. Dann hängte er sein »Bitte nicht stören. Ich erfinde!«-Schild an die Tür und dachte nach.

Die Katze war oben, die Kinder waren unten. Sie mussten zur Katze hinaufkommen. Plötzlich hatte Horst eine Idee. Er brauchte einen

Hochsteiger. Einen Hochsteiger, auf dem man hochsteigen kann. Klarer Fall, auf eine Kiste konnte man steigen und stand schon höher. Horst wusste, dass sein Vater alte Holzkisten hatte, in denen er Tapetenrollen lagerte. Schnell fand Horst diese Kisten in einem der Regale. Eine kippte er aus und lief mit ihr nach oben, hinaus zu den anderen. Inga stand vor der Garage und hielt der Katze ein Stückchen Käse entgegen.

»Was machst du denn da?«, fragte Horst und stellte seine Holzkiste so vor die Garage, dass er daraufsteigen konnte.

»Ich will die Katze mit Käse locken«, sagte Inga und rief: »Miez, Miez, Miez!«

»Sternchen ist doch keine Maus«, sagte Horst und stieg auf die Kiste. Er schaute zum Garagendach empor. Die Kiste war zu klein, um auf das Dach zu kommen. So konnte man Sternchen nicht retten.

»Ich habe einen Hochsteiger erfunden, aber er ist noch nicht hoch genug«, sagte Horst und lief wieder in den Keller. Er holte sein Erfinderbuch aus der Werkbank und schrieb:

»Es ist nicht einfach, einen Hochsteiger zu erfinden. Es ist wichtig, dass ein Hochsteiger sehr hoch ist und trotzdem nicht wackelt. Ich gebe nicht auf. Ich mache weiter.« Denn er wusste nun, was er zu tun hatte. Er musste den Hochsteiger höher bauen! Horst kippte die zweite Kiste seines Vaters aus, schnappte sich ein Seil und lief damit zu seinen Freunden. Inga stand mit einer Untertasse voller Milch vor der Katze und versuchte, sie vom Dach zu locken. Doch die Katze miaute nur und blieb weiterhin auf dem Garagendach hocken.

Horst lachte und fragte: »Was machst du denn da?«

»Miez, Miez, Miez«, machte Inga und sagte dann: »Ich will sie locken. Vielleicht will sie gerne Milch trinken und kommt von selbst.«

Horst stellte die zweite Kiste auf die erste Kiste und umwickelte die beiden Kisten mit der Schnur, damit sie genau übereinander lagen und nicht verrutschen konnten. Stefaan stellte sich neben die Kisten und hielt sie fest. »Sicher ist sicher«, meinte er, und Horst sagte: »Nun werde ich auf meine neue Erfindung steigen und Sternchen vom Dach holen.«

Alle schauten gespannt zu, wie Horst auf die beiden Kisten krabbelte und sich aufrichtete. Er musste aufpassen und vorsichtig sein. Wer hoch hinauswill, der sollte schwindelfrei sein. Horst schaute sich um. Er konnte schon über die Regenrinne des Daches schauen, aber Sternchen kam nicht auf ihn zugelaufen, und Horst kam nicht an sie heran. Er musste aufs Dach hinauf, und da fehlten noch einige Zentimeter. Enttäuscht stieg Horst von seinen Kisten herunter.

»Ich muss noch höher steigen, um Sternchen retten zu können«, sagte er, und die Kinder nickten.

Horst lief in den Keller und schrieb in sein Erfinderbuch: »Ein Hochsteiger sollte wirklich hoch sein. Ein zu kleiner Hochsteiger ist kein Hochsteiger. Ich gebe nicht auf. Eine Erfindung sollte gut überlegt sein, damit das Leben einfacher wird.«

Horst dachte nach. Eine neue Kiste hätte seine Erfindung höher gemacht, aber auch wackeliger. Wichtig war, dass ein Hochsteiger nicht wackelte und nicht umkippen konnte. Man sollte darauf nur hochsteigen, wenn er ganz sicher war. Plötzlich hatte Horst eine Idee. Er stand auf und hob den Stuhl hoch, auf dem er gesessen hatte. Das könnte hinhauen … Er lief mit dem Stuhl nach oben und stülpte ihn über die beiden Kisten. Tatsächlich, er passte nicht nur, sondern durch das Überstülpen der Stuhlbeine über die zwei Kisten verschaffte er dem ganzen Gestell einen sicheren Halt.

»Hurra! Jetzt habe ich den Hochsteiger erfunden!«, rief Horst.

Stefaan kam heran und hielt die Erfindung fest. Vorsichtig kletterte Horst die Kisten hoch und stellte sich auf. Nun konnte er auf das Garagendach klettern und die Katze herunterholen – aber was für eine Überraschung: Sternchen war gar nicht mehr auf dem Dach!

Traurig schaute er zu Inga, Paula und Stefaan hinunter. Inga hatte ihr Schälchen mit Milch in der Hand und ließ Sternchen daraus trinken. Sie sagte: »Dein Hochsteiger ist auch ein Tiefsteiger. Sternchen ist daran heruntergeklettert, weil sie so einen Durst hatte.«

Horst lächelte und stieg langsam an seiner Erfindung herunter. Tatsächlich, es klappte. Sicher und gut gelaunt konnte man daran rauf- und runterklettern.

»Hurra«, schrie Paula, »Horst hat eine Leiter erfunden.«

Stefaan kratzte sich am Kopf. »Aber … es gibt doch schon Leitern. Kann man denn etwas erfinden, das es schon gibt?«

Horst dachte nach. Stefaan hatte recht, Leitern gab es schon. Sollte er seine Erfindung umsonst gemacht haben?

»Natürlich gibt es schon Leitern, aber – bestehen sie aus zwei Kisten und einem Stuhl?«, fragte er.

Die Kinder schüttelten den Kopf. Normale Leitern hatten einfache Sprossen, an denen man hochklettern konnte. Horst verneigte sich, klopfte sich dreimal auf seinen Sturzhelm und sagte feierlich: »Ich habe etwas erfunden, das es noch nicht gibt. Meine Erfindung besteht aus zwei Kisten und einem Stuhl. Deswegen werde ich meine Erfindung einen Hoch-und-Tiefsteiger nennen. Und sie wird sogar gerne von Katzen genutzt!«

Da lachten alle Kinder, und Horst, der Erfinder, der lachte auch.

Anne Steinwart

Eine schöne Bescherung

Jan ist großer Bruder geworden. Das ist toll, und es war und ist auch heute, zwei Tage später, immer noch sehr aufregend. Aber musste das Baby ausgerechnet am 24. Dezember kommen?! Nun muss seine Mama die Weihnachtstage im Krankenhaus verbringen, Papa ist meistens bei ihr, und Jan und seine Oma kümmern sich zu Hause um alles.

Schon am 4. Advent hatte Jan befürchtet, dass es so kommen könnte. Da saß er noch gemütlich mit Mama und Papa im Wohnzimmer. Sie hatten vier Kerzen angezündet und sprachen über Annalisalena. So nannten sie das Baby, seit Mamas Arzt gesagt hatte, dass es ein Mädchen wird. Jan hatte Anna vorgeschlagen, Papa gefiel Lisa, und Mama schwärmte für Lena. Deshalb hieß Jans Schwester erst mal Annalisalena.

»Es wird bestimmt ein dickes Mädchen«, sagte Jan und legte eine Hand auf Mamas kugelrunden Bauch. Alle paar Sekunden zuckte seine Hand ein wenig.

»Vielleicht trommelt sie, weil sie keine Lust mehr hat, dadrinnen zu sein?«, überlegte er. Besorgt fragte er deshalb: »Kommt sie bestimmt erst im neuen Jahr?«

»Am 3. Januar werde ich im Krankenhaus erwartet«, sagte seine Mutter. »Ich glaube nicht, dass vorher schon was geschieht.«

Jan runzelte die Stirn. »Sie darf ruhig früher kommen. Aber nicht Weihnachten!«

»Und wenn doch, dann haben wir eine schöne Bescherung«, lachte der Vater.

So eine Bescherung wollte Jan nicht. Er beugte seinen Kopf zu Mamas Bauch und sagte: »Ich möchte dich bald sehen, Schwesterchen. Aber bitte komm nicht Weihnachten, einverstanden?« Mit der Hand auf Mamas Bauch wartete Jan auf ein Zeichen. Doch seine Schwester bewegte sich nicht mehr.

»Keine Sorge«, sagte die Mutter. »Du bist auch pünktlich auf die Welt gekommen. Und keinen Tag früher.«

Das klang beruhigend. Seine Schwester sollte sich einfach ein Beispiel an ihm nehmen, fand Jan.

Die letzten Tage bis Weihnachten vergingen schnell. Jan kaufte mit Papa einen Weihnachtsbaum und Honigkerzen, backte mit Mama Nusskekse und bastelte für Oma Sterne aus Goldpapier. Alles war wie jedes Jahr vor Weihnachten … Aber dann kam der 24. Dezember, und Jan wurde nicht von Mama geweckt, sondern von seiner Oma. »Aufwachen«, sagte sie und kraulte Jans Nacken.

Jan schlug verwirrt die Augen auf. Oma wohnt zwei Häuser weiter und kam doch sonst immer erst am Nachmittag.

»Es ist so weit. Du wirst heute großer Bruder«, erklärte seine Oma.

Jan saß sofort aufrecht im Bett. Was sagte Oma da? Das kann nicht sein. Heute ist doch Heiligabend. Wer soll den Baum schmücken? Das Essen zubereiten? Und was wird mit der Bescherung? Während lauter Fragen durch Jans Kopf wirbelten, erzählte seine Oma, dass Mama die halbe Nacht mit Bauchweh herumgewandert sei. Sie streichelte Jan über den Kopf: »Papa hat vorhin angerufen. Deine Schwester wird in ein paar Stunden auf der Welt sein.«

»Ich will aber nicht, dass sie heute kommt. Weihnachten ohne Mama, das geht nicht.« Jan zog die Decke bis zum Hals und fing an zu weinen.

»Ja, das ist keine Kleinigkeit.« Seine Oma nahm ihn in die Arme und sagte dann: »Aber zusammen werden wir zwei das schon schaffen, meinst du nicht?«

Jan nickte, wischte sich die Tränen ab und fragte, ob Mama immer noch Bauchweh habe.

»Bestimmt. Aber wenn deine Schwester da ist, sind alle Schmerzen vorbei. Dann ist das Glück riesengroß!« Die Oma stupste Jan in die Seite: »Jetzt aber waschen, anziehen, frühstücken und an die Arbeit. Wir haben viel zu tun.«

Ausnahmsweise durfte Jan schon zum Frühstück Nusskekse futtern und heiße Schokolade trinken. Das gefiel ihm.

Nach dem Frühstück sagte Oma: »Heute darfst du die Arbeit einteilen. Du bist ja jetzt der Chef.« Das gefiel Jan noch mehr.

Als Erstes schmückten sie den Tannenbaum. Jan breitete vorsichtig den Baumschmuck auf dem Wohnzimmertisch aus: Glaskugeln, kleine Vögel mit Glitzerflügeln, rote Holzäpfel und Strohsterne. Ein Teil nach dem anderen reichte er Oma und bestimmte, an welchem Zweig es hängen sollte. Der größte Strohstern kam an die Baumspitze. Dann befestigten sie noch die Honigkerzen.

»Das haben wir gut gemacht«, lobte Oma. »Wenn Mama in ein paar Tagen nach Hause kommt, wird sie sehr zufrieden sein.«

Jan schluckte. Wenn Mama doch jetzt hier sein könnte … mit Papa und Annalisalena … Aber er wollte nicht wieder weinen und packte schnell die Krippenfiguren aus. Maria und Josef stellte er unter den Tannenbaum und zwischen sie die Krippe mit Jesus, der auch am 24. Dezember geboren wurde. Daneben stellte er die Hirten, die Jesus Geschenke bringen.

»Geschenke«, murmelte er dabei nachdenklich. Und laut sagte er zu Oma: »Wenn Annalisalena Weihnachten Geburtstag hat, kriegt sie dann zweimal Geschenke?«

Oma seufzte: »Erst mal muss deine Schwester gut ankommen.«

Jan hörte die Sorge aus Omas Worten. »Es dauert bestimmt nicht mehr lange. Bald ist alles gut«, sagte er und legte seinen Arm um Omas Schultern. Die drückte ihn fest an sich: »Du hast recht. Also, Chef, was ist noch zu tun?«

Jan erinnerte sich an die Pute, die Mama schon am Vortag aus der Gefriertruhe geholt hatte. »Ach, du liebes Lottchen, die Pute, die gute!«, rief Oma erschrocken, eilte in die Küche und machte sich daran, das Essen vorzubereiten. Jan lief hinterher. Er schaute nur zu, er war ja Chef!

Plötzlich fiel ihm ein, dass er für Annalisalena noch kein Geschenk hatte. Im Kinderzimmer wühlte er lange in der Kiste mit seinen Kuscheltieren. Schließlich nahm er ein flauschiges Schaf in die Hand und schnupperte daran. Es roch gut.

In diesem Augenblick klingelte es. Blitzschnell rannte Jan ins Wohnzimmer und nahm den Telefonhörer ab.

»Sie ist da!«, hörte er Papa aufgeregt sagen. »Es geht ihr gut und Mama auch.«

In Jans Kopf war es plötzlich ganz still, aber sein Herz klopfte laut. Dann rief er in den Hörer: »Können wir kommen? Jetzt sofort?« Papa erklärte, dass Mama und Anna sich noch ein bisschen ausruhen müssen, aber in zwei Stunden könne die Oma ein Taxi bestellen. Die stand natürlich längst neben Jan, hatte alles mit angehört und nickte strahlend.

Als Jan den Hörer aufgelegt hatte, verstand er endlich, was passiert war: Er war großer Bruder geworden. Und Papa hatte von ANNA gesprochen.

»ANNA heißt sie! Ich habe ihren Namen ausgesucht«, schrie er und hüpfte durchs Wohnzimmer. Oma hielt lachend den gefährlich wackelnden Tannenbaum fest.

Zwei Stunden später konnte Jan seine Schwester endlich anschauen. Besonders gefielen ihm ihre schwarzen Haare und die klitzekleinen Finger. Sie war überhaupt kein dickes Mädchen, alles an ihr war winzig. Da konnte Jan ihr nicht böse sein, dass sie ausgerechnet Heiligabend auf die Welt kommen musste. Glücklich saßen alle um Anna und Mama herum. Ganz feierlich war Jan zumute – wie bei einer richtigen Bescherung …

Inzwischen ist Weihnachten schon fast vorbei. Zum Glück kommt Weihnachten immer wieder, auch wenn es bis zum nächsten Mal noch schrecklich lang hin ist. Wie sie dann wohl Annas Geburtstag feiern werden? Und wie Weihnachten? Jan weiß es nicht, aber er ist sich sicher, dass es sehr schön sein wird – mit seiner kleinen Schwester Anna.

Anja Kömmerling und Thomas Brinx

Die Frau mit der Gans

Mama zog Ida an der Hand hinter sich her und hatte es eilig: »Nun mach mal, Ida, komm, das Essen steht auf dem Herd!«

Immer hatte Mama es eilig, weil sie mit Idas Papa zusammen einen Kiosk hatte und es jede Menge zu tun gab. Aber Ida konnte nicht so schnell. Überall gab es was zu sehen. Kastanienbäume mit dicken Kugeln, einen Mann, der mit offenem Mund auf einer Bank schnarchte, und … was war das? Eine alte Frau kam ihnen entgegen. Sie schob einen Kinderwagen, der leise vor sich hin quietschte, und mittendrin saß: eine dicke Gans.

Ida ließ Mamas Hand los und bewegte sich keinen Zentimeter mehr weiter. »Warum hat die Frau eine Gans?«

Mama verdrehte die Augen. »Die Gans ist wahrscheinlich einfach ihr … Haustier, so wie ein Hund. Komm jetzt!«

Widerwillig ließ sich Ida mit nach Hause ziehen,

doch die Frau mit der Gans ging ihr nicht mehr aus dem Kopf. Immer wieder fragte sie sich, *warum* sie wohl eine Gans hatte, und als Mama nach dem Essen schnell wieder in den Kiosk musste, hängt Ida sich ihren Schlüssel um den Hals, sprang die Treppen runter nach draußen und schaute sich nach der alten Frau um.

Leider war sie nirgendwo zu sehen, und so ging Ida die lange, gerade Straße hinunter, auf der ihr die Alte begegnet war. Der Mann auf der Bank war mittlerweile aufgewacht.

»Hast du eine Frau gesehen mit einer Gans im Kinderwagen?«, fragte Ida ihn.

Der Mann starrte sie an, als käme sie vom Mond, und schüttelte den Kopf. Also ging Ida weiter, bis die Straße zu Ende war und eine Treppe hinunterführte zum kleinen See.

An der schmalsten Stelle ging eine alte Holzbrücke über den See. Von dort kam ein leises, regelmäßiges Quietschen, das Ida sofort erkannte. Genauso hatte sich der Kinderwagen der alten Frau angehört. Aufgeregt schlich Ida die Treppe hinunter und weiter bis zur Brücke, wo sie vorsichtig um die Ecke lugte. Tatsächlich, da war sie. Die alte Frau saß auf der Erde an einem dünnen Feuer, stocherte mit einem Stock darin herum und schob den Kinderwagen hin und her, wie eine

Mutter, wenn das Baby schlafen soll. »Das wird nichts mehr mit uns, Otto, das wird nichts mehr. Hätte ich damals nur auf dich gehört.«

Otto, die Gans, hatte den Kopf auf den Rand des Kinderwagens gelegt und hörte der alten Frau zu. Was wird nichts mehr?, überlegte Ida gerade, da geriet sie auf den Kieselsteinen unter ihr ins Rutschen. Sofort stand die Alte vor ihr und fuchtelte wütend mit dem Stock. »Was tust du hier? Schnüffelst du mir nach?«

Ida schaute die Frau an. »Ich wollte nur wissen, warum du eine Gans hast.«

Die Alte starrte Ida in die Augen, dann ließ sie den Stock sinken und stampfte zurück zum Feuer. »Wer will das wissen? Keiner will das wissen!«

Ida ging ihr hinterher. »Doch. Ich. Ich bin Ida.« Sie streckte der alten Frau ihre Hand hin. Aber die beachtete sie gar nicht, setzte sich ächzend wieder hin und stocherte im Feuer.

Otto dagegen war plötzlich sehr aufgeregt. Anscheinend wollte er der alten Frau etwas sagen, denn er schnatterte laut und zwickte sie mit seinem Schnabel.

»Schon gut, schon gut«, seufzte die Alte schließlich und sah Ida an. »Otto meint, ich solle *ein Mal* in meinem Leben auf ihn hören und dir alles sagen.«

Ida nickte, und Otto kletterte auf den Schoß der Alten und ließ sich dort nieder.

»Früher, als ich noch eine Gans war«, begann die alte Frau, »war das Leben noch so, wie es sein muss.«

»Du warst eine Gans?«, fragte Ida erstaunt.

»Und was für eine. Otto, mein Mann, und ich schwammen den ganzen Tag auf dem See herum, bekamen Kinder, sahen zu, wie sie groß wurden, und fingen im Frühling wieder von vorne an.« Die Alte seufzte und strich sanft über Ottos prachtvolles Gefieder.

»Aber dann tauchte eines Tages direkt vor meinem Schnabel eine Gänsekartoffel auf.«

»Gänsekartoffel?« Davon hatte Ida noch nie gehört.

»Sie wachsen tief unten am Grund mancher Seen und sind uns Gänsen strengstens verboten. Noch nie hatte ich eine gesehen, und da war sie plötzlich und duftete verführerisch. Vorsichtig tippte ich sie an. So gefährlich, wie sie sein sollte, sah sie gar nicht aus. Im Gegenteil, und ehe ich mich's versah, hatte ich sie auch schon im Schnabel. Ich wollte endlich wissen, warum sie verboten sind, verstehst du?«

Ida nickte. Das verstand sie nur zu gut.

»›Nein, nicht‹, versuchte Otto mich noch zu warnen, doch da war es schon zu spät. Denn kaum hatte ich das Ding geschluckt, verwandelte ich mich in eine Frau, die hilflos im See herumruderte und fast ertrunken wäre, wenn Otto und die anderen Gänse mich nicht an Land gezogen hätten.« Die Alte schniefte und rieb sich die Augen. Zärtlich schnäbelte Otto an ihrer Wange. »Tja, seitdem bin ich die Frau mit der Gans.«

»Aber das muss man doch irgendwie rückgängig machen können!«, rief Ida aus.

Die Alte lächelte sie traurig an. »Ich weiß nicht, wie.«

Ida dachte angestrengt nach und hatte plötzlich eine Idee. »Hast du schon mal normale Kartoffeln gegessen?«

Die Alte schüttelte heftig den Kopf. »Dieses Teufelszeug rühre ich nie wieder an.«

»Egal! Bin sofort wieder da«, rief Ida, raste nach Hause und schnappte sich eine Pellkartoffel, die vom Mittagessen übrig geblieben war. Dann lief sie, so schnell sie konnte, zurück und erzählte der Frau und ihrer Gans von ihrem Plan. Wenn Gänsekartoffeln Gänse in Menschen verwandeln konnten, konnten dann nicht vielleicht Menschenkartoffeln sie wieder in Gänse zurückverwandeln? Als Otto das hörte, flatterte er wild mit den Flügeln und zischte sie an, und auch die Alte riss zuerst vor Schreck die Augen auf, doch dann schien sie es sich anders zu überlegen.

»Ich habe auch Angst, Otto«, sagte sie leise und streichelte ihrer Gans sanft über den Kopf. »Aber was bleibt uns anderes übrig? Wir sollten es probieren.«

Ida nickte und gab der alten Frau die Kartoffel. Gebannt beobachtete sie gemeinsam mit Otto, wie sie die Kartoffel abpellte, langsam zum Mund führte und vorsichtig ein Stück davon abbiss.

Zuerst tat sich nichts, und Ida glaubte schon, es würde nicht klappen, da schrumpfte die Frau plötzlich zusammen, bis sie so klein war wie Otto, und verwandelte sich, schwuppsdiwupps, in die Gans zurück, die sie einmal gewesen war.

Gebannt starrte Ida sie an, und auch Otto konnte es kaum glauben.

Erst als seine Gänsefrau ihn zwickte, schüttelte er seinen Schrecken ab und schnatterte laut los.

»Es hat geklappt«, jubelte Ida und schaute glücklich zu, wie die beiden Gänse zärtlich miteinander schnäbelten. »Das muss ich unbedingt Mama erzählen.«

Als die Frau, die jetzt eine Gans war, das hörte, schaute sie ihr tief in die Augen. »Es ist besser, wenn das unser Geheimnis bleibt, Ida«, schnatterte sie, zupfte ihr zum Dank an der Hose, watschelte mit Otto ins Wasser und schwamm davon.

Schade, dachte Ida und machte sich auf den Weg zurück nach Hause. Vor der Tür traf sie Mama, die von der Arbeit kam.

»Na, wo warst du?«, wollte Mama wissen.

»Bei der Frau mit der Gans«, antwortete Ida.

»Und? Die Gans ist ihr Haustier, stimmt's?«

Wie gern hätte Ida ihr alles verraten. Aber es war ja ein Geheimnis. Also nickte sie. Und lächelte.

Beckmann, Herbert: *Mitten in der Nacht.* Aus der OHRENBÄR-Radiogeschichte: In Herrn Büchsels Erzähltheater. © beim Autor

Dierks, Martina: *Vom Bäcker, der nicht mehr backen wollte.* Entspricht der einteiligen OHRENBÄR-Radiogeschichte mit demselben Titel. © bei der Autorin

Göpfert, Mario: *Der Mitternachtszirkus.* Aus der OHRENBÄR-Radiogeschichte: Zeit für Wunder. © beim Autor

Grosche, Erwin: *Horst erfindet den Wischiwaschel. Horst erfindet den Hochsteiger.* Aus der OHRENBÄR-Radiogeschichte: Horst, der Erfinder. © beim Autor

Knetsch, Heidi und Richwien, Stefan: *Die feinsten Marinen.* Aus der OHRENBÄR-Radiogeschichte: Biber & Specht: Die Walddetektive. © bei den Autoren

Kömmerling, Anja und Brinx, Thomas: *Violetta wird rot.* Aus der OHRENBÄR-Radiogeschichte: Ein Tag mit Violetta. *Die Frau mit der Gans.* Aus der OHRENBÄR-Radiogeschichte: Idas Geheimnisse. © bei den Autoren

Kühl, Katharina: *Die Rotoffels und das Ungeheuer.* Aus der OHRENBÄR-Radiogeschichte: U-ah-ah, machte der Ururahn oder: Die Rotoffels kommen. © bei der Autorin

Lehmann, Katharina: *Bitte umsteigen!* Aus der OHRENBÄR-Radiogeschichte: Unterwegs mit Taxi Mama. © bei der Autorin

Ludwig, Sabine: *Seifenblasen. Wie dressiert man einen Kater?* Aus der OHREN-BÄR-Radiogeschichte: Frech wir Frieda Frosch. Die beiden Geschichten sind bereits als Buch erschienen. In: Ludwig, Sabine: Hier kommt Frieda! © Fischer Taschenbuch Verlag in der S. Fischer Verlag GmbH, Frankfurt am Main 2006

Paluch, Andrea und Habeck, Robert: *Die roten Schuhe.* Aus der OHRENBÄR-Radiogeschichte: Greta Glückspilz. © bei den Autoren

Reider, Katja: *Vom kleinen Jungen, der seinen Namen vergessen hatte.* Entspricht der einteiligen OHRENBÄR-Radiogeschichte mit demselben Titel. © bei der Autorin

Rittermann, Antje: *Fast wie im Traum.* Aus der OHRENBÄR-Radiogeschichte: Benno und der Bagger. © bei der Autorin

Schirneck, Hubert: *Das olympische Känguru.* Aus der OHRENBÄR-Radiogeschichte: Die seltsame Welt der Tiere. © beim Autor

Steinwart, Anne: *Eine schöne Bescherung.* Entspricht der einteiligen OHREN-BÄR-Radiogeschichte mit demselben Titel. © bei der Autorin

Uebe, Ingrid: *Kleiner Räuber wünscht sich einen Hund.* Aus der OHRENBÄR-Radiogeschichte: Kleiner Räuber wünscht sich was. © bei der Autorin

Wolf, Winfried: *Mit lieblichem Duft.* Aus der OHRENBÄR-Radiogeschichte: Von wahrhaft königlichen Nasen. © beim Autor

Wolfradt, Jörg: *Lilly und der Falltag.* Aus der OHRENBÄR-Radiogeschichte: Jeden Tag was Neues. © beim Autor

Die schönsten Vorlesegeschichten für Kinder – mit vielen farbigen Bildern

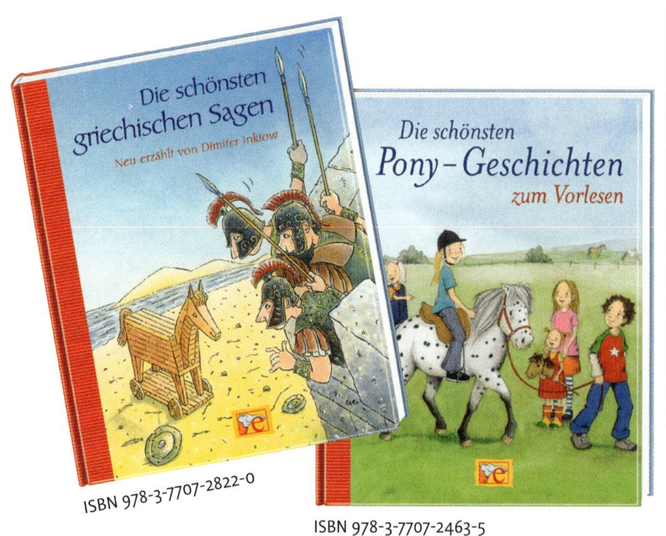

ISBN 978-3-7707-2822-0

ISBN 978-3-7707-2463-5

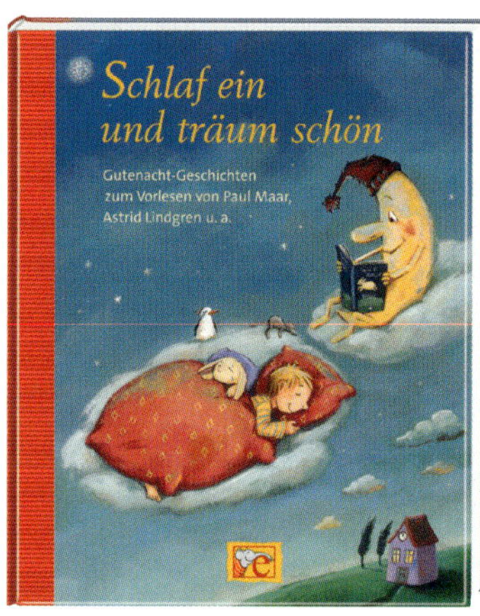

ISBN 978-3-7707-2460-4

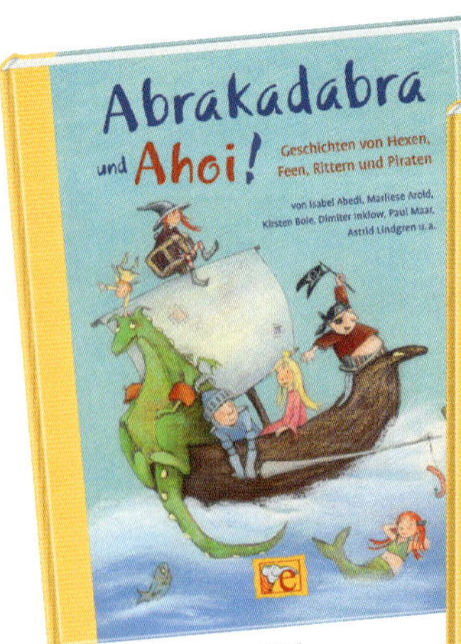

ISBN 978-3-7707-2466-6

ISBN 978-3-7707-2914-2
Als Hörbuch auch bei Oetinger audio

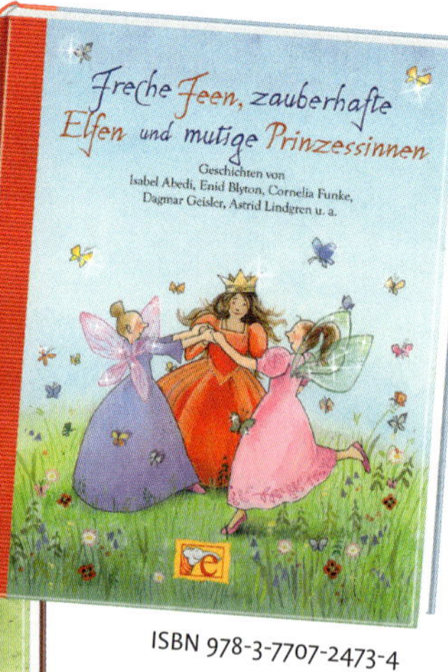

ISBN 978-3-7707-2473-4

Vorlesen mit ellermann

Weitere Informationen unter:
www.ellermann.de

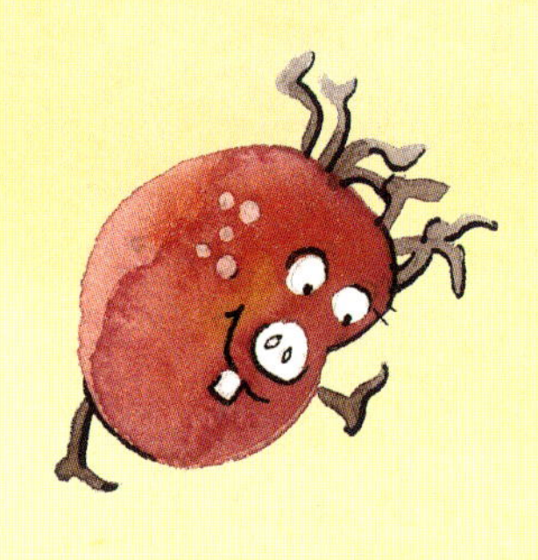

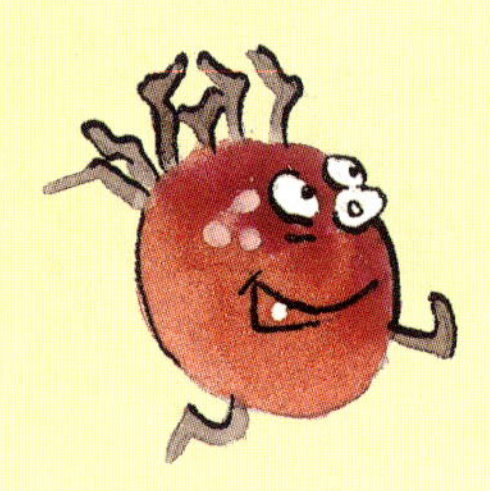

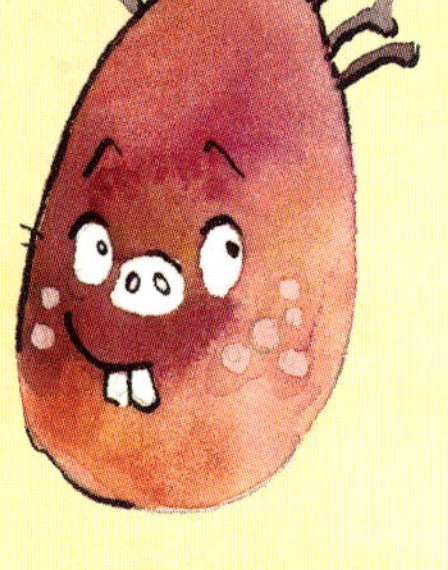

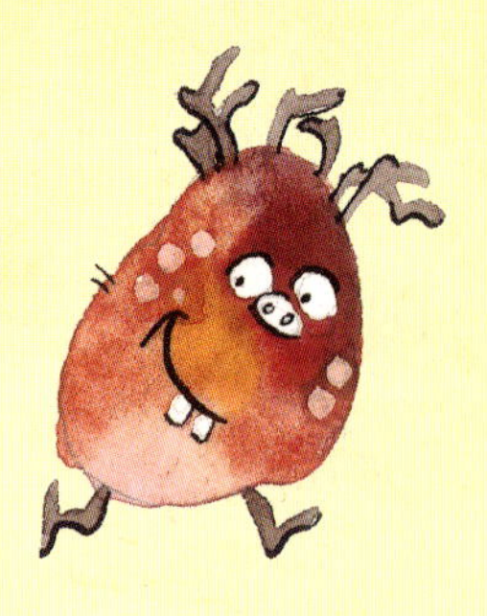